如何运用
"千万工程"经验

RU HE YUN YONG "QIAN WAN GONG CHENG" JING YAN

任初轩　编

人民日报出版社

北　京

图书在版编目（CIP）数据

如何运用"千万工程"经验 / 任初轩编 . — 北京：人民日报出版社，2024.2

ISBN 978-7-5115-8231-7

Ⅰ.①如…　Ⅱ.①任…　Ⅲ.①农村－社会主义建设－研究－中国　Ⅳ.① F320.3

中国国家版本馆 CIP 数据核字（2024）第 039775 号

书　　　名：如何运用"千万工程"经验
　　　　　　RUHE YUNYONG "QIANWAN GONGCHENG" JINGYAN
编　　　者：任初轩

出 版 人：刘华新
策 划 人：欧阳辉
责任编辑：曹　腾　杨　校
版式设计：九章文化

出版发行：人民日报出版社
社　　址：北京金台西路 2 号
邮政编码：100733
发行热线：(010) 65369509　65369527　65369846　65369512
邮购热线：(010) 65369530　65363527
编辑热线：(010) 65369523
网　　址：www.peopledailypress.com
经　　销：新华书店
印　　刷：大厂回族自治县彩虹印刷有限公司
法律顾问：北京科宇律师事务所　010-83622312

开　　本：710mm×1000mm　1/16
字　　数：181 千字
印　　张：15
版次印次：2024 年 3 月第 1 版　　2024 年 3 月第 1 次印刷

书　　号：ISBN 978-7-5115-8231-7
定　　价：48.00 元

目　录

思想平台

学术圆桌

幸福就在绿水青山间

顾仲阳　刘军国

青山环抱，绿水逶迤，走进浙江省安吉县天荒坪镇余村，村口石碑上的"绿水青山就是金山银山"十个大字赫然醒目。

"生态好了，金山银山就来了。"余村村支书汪玉成说，"今年3月20日，村里到账5800万元，这是6000亩竹林30年的碳汇收益。"

从"卖石头"到挣碳汇，小村庄因何发生美丽蜕变？

余村老村支书鲍新民回忆，上世纪八九十年代，村里的"石头经济"风生水起，村民腰包鼓了，但是山变成"秃头光"，水成了"酱油汤"。2003年至2005年，借着"千万工程"的东风，村里停掉了矿山，关掉了水泥厂。下一步怎么发展？

2005年8月15日，时任浙江省委书记的习近平来到余村，首次提出"绿水青山就是金山银山"的科学论断，为举棋不定的小村庄"一锤定音"。

观念一变天地宽。生态建设与"千万工程"更紧密地结合起来，美丽乡村建设成为"千万工程"重要目标。鲍新民介绍，村干部带着村民复垦复绿、封山治水，实施村庄绿化、庭院美化、垃圾分类，持续改造优化人居环境，昔日矿坑变身油菜花田、荷花藕塘，一年四季皆风景。

山绿了，水清了，新产业来了。临近中午，余村春林山庄主人潘春林忙着招呼客人。"2002年我创建了村里第一家农家乐，现在看这一步算走对了。"潘春林说，他曾是村里矿山上的一名拖拉机手，这些年从发展农家乐到接待研学旅游、经营特色农产品，致富路越走越宽。现在，潘春林又多了一个新身份——天荒坪镇农家乐协会会长，"我们要跟上市场，统一管理标准、品牌化运营，带动周边乡村共同发展。"

幸福就在绿水青山间。

从"卖石头"到"卖风景"，绿水青山成了余村人的增收来源。走进"两山文创阁"主题民宿，一个个奇石盆景、一幅幅石头画引人注目，民宿主人葛军感慨："'千万工程'给村里带来了巨变，现在'人在余村走，就像画中游'。"5年前，他将自家房子改造成民宿，父亲搞起了石头画创作，去年营业收入近200万元。

"乡亲们生活'芝麻开花节节高'，打心眼里觉得绿水青山是个宝！"潘春林说。如今，生态文明的内容写进了《余村村训》，"保青山、护绿水、节能源、分垃圾"，成了村里人的自觉行动。

好生态成为金名片。余村被联合国世界旅游组织评为"最佳旅游乡村",去年累计接待游客 70 万人次,村集体经济收入达 1305 万元,村民人均收入达 6.4 万元,走出了一条生态美、产业兴、百姓富的新路。

新时代新征程,深入推进"千万工程",余村变得更现代、更年轻。

90 后张航带着团队"扎"到余村设立工作室,主攻乡村短视频创作。张航说,"背靠青山、面朝田野,在这样的环境中工作,心情更愉悦了。"

"乡村振兴关键靠人,尤其是有想法有活力的年轻人。"安吉县委常委、天荒坪镇党委书记贺苗介绍,余村启动全球合伙人招募活动,目前已有 42 个项目入驻,吸引国内外青年人才 1145 人。平均年龄不到 30 岁的陈喆团队,创立美在余村国漫茶咖零售空间,打造新的文化打卡地。"我们希望为乡村发展注入新动力。"陈喆说。

余村正由小变大。安吉县集中打造天荒坪镇、山川乡、上墅乡的余村大景区。天荒坪镇银坑村的影视文化民宿村,余村的数字生态渔仓项目,上墅乡的露营基地……产业迭代升级,新业态不断涌现,为建设"高能级、现代化、国际范"的"大余村"注入强劲动力。

昔日关停的化工厂原址上,一幢名为"余村印象"的新建筑拔地而起。工作人员介绍,这座建筑依靠光伏发电系统进行碳中和,实现了全生命周期零碳排放。

　　"'余村印象'的外形像一把金钥匙，寓意为用'绿水青山就是金山银山'理念这把金钥匙，不断解开新难题。我们会沿着绿色发展这条路坚定向前，建设宜居宜业的和美余村。"谈到未来，汪玉成充满信心。

《人民日报》（2023 年 06 月 08 日 06 版）

"美丽经济"带富乡亲

窦瀚洋　罗珊珊

浙江省安吉县灵峰街道横山坞村，竹海绵延，微风习习，夏日里的这份清凉格外怡人。

走进民宿"阿忠的家"，绿意满目，花香满园，装点得精致温馨。望着草坪上休憩的客人，95后民宿主人蓝晴霞感慨："我家曾是村里最偏僻的一户，你瞧，现在倒成最热闹的了，节假日经常一房难求。"

从当年的"烂泥村"，到国家级美丽宜居示范村、全国乡村旅游重点村，横山坞村村民纷纷感慨家乡的美丽嬗变。

"'千万工程'带来的最大变化，就是凝聚了人心。人心齐了，劲头足了，共同富裕的道路越走越宽。"横山坞村党总支书记蔡明福说。

回忆过往，蔡明福娓娓道来："过去村里都是黄土路，遇上下雨天，黄土变泥巴，回村都得扛着自行车走。交通不便，产业单一，1998年我刚进村两委时，村集体一年收入不到9万元。"

2003年，借"千万工程"东风，横山坞村开启村庄整治建设大行动，硬化道路、拆违建、治污水，改善乡村环境。村民尝到甜头，从"要我干"变"我要干"，热情高涨。

"千万工程"持续升级，横山坞村建设不断提速。2008年，村里打造省级"美丽乡村特色精品村"，40天建成村幼儿园；2015年，创建"美丽乡村精品示范村"，仅8个月就完成各项任务……一幅生态宜居的美丽乡村画卷徐徐铺展。

环境美了，村民怎么富起来？

"我们地处竹乡，是发展竹加工还是旅游业，当时摇摆不定。"蔡明福坦言。村干部带着村民代表外出考察，看到有的乡村民宿一间房月收入有10万元，吃惊之余更是"眼馋"，横山坞村行不行？

"村里的竹林风光一点也不差""周边的灵峰山景区、田园嘉乐比乐园，都能吸引客流""要下决心关掉竹加工小作坊"……村民们你一言我一语，逐渐形成共识：依托美丽乡村，大力发展"美丽经济"。

统一规划，高标准打造。村里把设计师陈谷请回家乡，建起"小瘾·半日村"民宿集群。徜徉在石板路上，一步一景，度假、美食等主题民宿各具特色，图书馆、咖啡店等业态一应俱全，游人或体验茶叶炒制，或观赏手工艺制作，偷得浮生半日闲，流连忘返。

"我们注重差异化发展，又尊重房屋、周边环境原有的样子，就地取材，打造特色。目前已吸引19家民宿入驻，成为网红打卡地。去年一年，'小瘾·半日村'接待游客超过35万人次。今年'五一'假期，日均营业额达4万余元。"陈谷说。

让村民共享发展红利，民宿集群采取"专业公司＋街道＋合作社＋农户"的发展模式。在上海打拼的黄东回村开起私房菜馆"黄妈妈家宴"，用全心、做本味，餐馆每张椅子年平均产出10万元；返乡创业的青年艾晨，主打新中式服装与手工布鞋，去年线下营业额突破200万元；村民金玉芳经过培训，在民宿当上"管家"，一年增收5.4万元……

与民宿集群相距不足1公里，亲子主题乐园、艺术馆等项目相继落成。蓝晴霞说："以前家门口是竹席厂，噪声轰隆隆，就怕游客住不安稳。现在厂房关了，休闲项目多了，满山的鲜花，别提有多美了！"

如今，横山坞村以建设乡村旅游为重点，以乡村能级提升为抓手，丰富"吃、住、游、购、玩"等休闲元素，强化产业链延伸，形成了文化休闲、乡村度假、休闲农业等多元业态为一体的乡村旅游新业态。

"美丽经济"带富乡亲。在横山坞村，田头有活干、村里有班上、家门口有钱赚。2022年，全村接待游客70万人次，旅游业收入达1.08亿元，村集体经济经营性收入752万元，农民人均纯收入55045元。

在蔡明福看来，正是因为"千万工程"的实施，让横山坞村实现了一次次蜕变，找到了适合自身的发展路径。

"现在横山坞村的名气有了，下一步，如何把'流量'变成更大'留量'，吸引更多游客留下来，住得更舒心、玩得更开心，我们还有很多事要做。"接完一个电话，蔡明福又去忙着筹备新的项目。

《人民日报》（2023 年 06 月 09 日 02 版）

村里的事情大家商量着办

张帅祯　龚文静

漫步浙江省杭州市余杭区径山镇小古城村，田间稻浪滚滚，茶园绿意盎然。彩虹滑道、露营营地……一处处休闲场景和田园风光融为一体。

这个小村庄，既是全国民主法治示范村，还拥有全国乡村旅游重点村、全国文明村等几十项荣誉。小古城村党委书记林国荣道出其中的秘诀："村里的事情大家商量着办！"

村口池塘边，一棵大樟树郁郁葱葱。走近看，树干上的"樟树下议事"木制字牌经年累月，见证了乡村的岁月变迁。

"没有'千万工程'，就没有小古城村的今天。"林国荣坦言，20多年来，村里人在实践中探索出"四议六步"的民主议事工作法，以"议什么""谁来议""怎么议""议的效力"为基础，以"提、议、决、干、督、评"为关键步骤,推进乡村发展步入快车道。

"共建",让村庄更美丽。

家家户户的高围墙,曾是小古城村向村落景区发展的一道坎。高围墙裹紧了农家院子,也挡住了整个乡村的景观视野。

建墙容易拆墙难,如何破题?2018年,为推进美丽乡村建设,村党委在钱三村民小组试点降低围墙,村干部和村民代表在"樟树下议事"——

"降低围墙,安全怎么保障?""当初建围墙花了不少钱,现在改造图什么?"……

"给大家装上监控设备,加强安全巡逻""要看长远、算大账,改善村容村貌,带来的好处是方方面面的"……

你一言、我一语,摆事实、讲道理,村民们心里的疙瘩渐渐解开,接受了围墙改造方案。

如今,小古城村家家户户的围墙降到1.2米,公共景观与美丽庭院融为一体,不少人还办起了共享菜园和共享庭院。

"围墙降了,'心墙'打开了,邻里关系更近了,幸福感更强了!"村民施雪琴说。

这些年,围绕事关村容村貌改善、村庄发展的大事,村党委开展70余次民主协商,一次次共同行动,让古村展新颜。

"共治",让产业更兴旺。

乡村环境美起来,游客多起来,小古城村遇到"成长的烦恼":一到节假日,车辆一堵几里地,影响了观光体验和口碑。

老樟树下再次热闹起来。村党委邀请小古城旅游发展有限公司和村民代表共治共议。

"我可以共享家里的空闲停车位""组织村民志愿者到现场引导""扩建原有的停车场"……务实有效的金点子成了解决问题的金钥匙，停车难题迎刃而解。

同样"议"出来的，还有"苕溪营地"产业。近年来，从规划到经营，从起步到兴旺，一片片荒野湿地成为露营热门打卡地。

林国荣说，村民们群策群力，建起 110 米彩虹滑道，拓展环线绿道串联村内美景，发展露营营地产业，让专业的开发商开展营地建设。2022 年，小古城村村集体收入首次突破千万元，农民人均可支配收入 52760 元。

"共享"，让发展更均衡。

产业发展快了，空间局限如何突破?

2021 年，小古城村同周边的潘板桥村、求是村、漕桥村、桥头社区联合成立"小古城乡村新社区"，开启共享发展、共同富裕新篇。

有了新思路，具体怎么干?"樟树下议事"，商量着干呗。

来自四村一社区的干部聚在一起，提建议、聊方案，把共享发展的美好愿景落实落细:党建引领，成立共富联合党组织;融合旅游、招商等，成立联盟集团公司"古城控股";整合优势资源，优化产业布局……

"打破村与村的壁垒，我们做成了许多以前想做而没有做成的事。"小古城村职业经理人唐文铭说。

目前，径山镇共建立了以小古城、径山、前溪为中心的 3 个

"乡村新社区"共富基本单元，带动全镇上下全面推进共同富裕。今年前 5 月，全镇 13 个村集体经营性收入达 2381 万元，接近去年全年的收入。

随着"千万工程"深入推进，基层协商民主日益完善，"村里的事情大家商量着办"，充分激发出农民群众的积极性创造性。小古城村的那棵老樟树，一定会更加枝繁叶茂。

《人民日报》（2023 年 06 月 10 日 02 版）

青山绿水间　民宿迎客来

罗珊珊　窦瀚洋

莫干山深处，云雾缭绕，竹海茫茫。绵绵细雨中，沿着蜿蜒的公路来到浙江省德清县莫干山镇仙潭村，一幢幢错落有致的精品民宿映入眼帘。

走进民宿"漫步山乡"，草坪上的绣球、蔷薇开得正艳，旁边的泳池、秋千与田园风光相映成趣。民宿经营者陈建强说："我们以植物为主题打造浪漫田园，许多客人都是慕名而来。村里的160多家民宿，各有特色，到了旺季常常一房难求。"

莫干山的民宿为何这么火？

"这要从'千万工程'讲起。"仙潭村党总支书记、村委会主任沈蒋荣说，从"千村示范、万村整治"到"千村精品、万村美丽"，再到"千村未来、万村共富"，20年来，"千万工程"不仅造就了美丽仙潭，也带火了民宿经济。

沈蒋荣回忆，过去的仙潭村，村民靠卖竹笋、加工毛竹挣点微薄收入。随着一批批青壮年进城打工，村子成了"空心村"。

"千万工程"从整治人居环境入手，仙潭村顺势而为，硬化道路、厕所革命、专项治污，关停了毛笋厂、竹拉丝厂，山村展新颜。

环境一变，仙潭村的优势显露出来。这里有好山好水的自然环境，有风格各异的近代别墅群，有临近上海、杭州的区位优势，不少投资者来建设民宿。

闲置农房怎么用？与农民的合同怎么签？难题摆在面前。

以改革破题。2015 年，德清成为全国农村"三块地"改革试点县。2020 年，德清又被确定为新一轮国家级宅基地改革试点县。沈蒋荣说，仙潭村探索农村宅基地"三权分置"，落实集体所有权、保障农户资格权、适度放活使用权，不论是农户还是投资方，都能安心。

打造精品示范村庄，发展精品民宿，仙潭村发展步入快车道。村里的年轻人陆续返乡，将自家老房子改造成特色民宿。

"看到家乡环境变得这么好，就下决心回来发展。"38 岁的村民徐朗跃说，他 2019 年回到村里，和弟弟一起将老宅改造成芷水·莫干山温泉民宿，"游客不少，乡村民宿的市场前景广阔。"

为规范行业发展，村里成立民宿行业协会，组织开展交流培训。德清县出台民宿管理办法，编制开发控制规划，完善民宿初审环节，避免盲目投资，助力乡村民宿走上了规范化、标准化健康发展道路。

政策引导，市场驱动，仙潭村建起 166 家特色精品民宿，年接待游客 15 万人次。2022 年，仙潭村获评中国美丽休闲乡村。

民宿经济带动就业。村民沈水佳在"莫梵"民宿干保洁，一干就是 6 年。她说："过去采茶、挖笋，起早贪黑，还赚不下多少钱。现在吃上了旅游饭，天天按时上班，每年能挣近 5 万元。"

山里的特产也有了好销路。"咱这里的农产品，原生态、品质好，许多外地客人就好这一口。"村民郎臻炎返乡办起了家庭农场，与村里的民宿合作销售新鲜水果蔬菜。

如今的仙潭村有了名气，如何让"流量"变成更大"留量"？

村里探索"民宿 +"模式，创新乡村旅游多元业态。现在，仙潭村开起大大小小的餐厅 10 家，有了 7 家咖啡馆、3 家帐篷营地，还有烧烤店、奶茶店等。

不断创新供给。村里邀请艺术家开展文艺创作，成立舞龙队、锣鼓队等文艺团体，举办"百寿宴"、幸福村晚、村落文化节等活动，让乡村生活体验更有文化味。"今后，民宿联合举办文化休闲活动将成为常态，充分挖掘本地传统文化，打造美丽仙潭的新增长点。"沈蒋荣说。

整合资源，抱团发展。仙潭村联合南路、四合两个行政村，以"大仙潭"品牌发展全域旅游。今年，文杏里书房、仙潭美术馆、大白熊国际户外自然体验中心陆续开业运营，美丽仙潭有了更丰富的休闲体验。

着眼乡村未来，沈蒋荣又有了新谋划：村里有千年的红豆杉，还有一些历史建筑，要进一步深挖文化资源、围绕水系和稻田做好文章。

《人民日报》（2023年06月12日04版）

茶香富茶乡

刘军国　张丽玮

古木参天，小桥流水，茶园绿道上游人"打卡"拍照，文化礼堂里的点茶体验引人入胜……浙江杭州余杭区径山镇径山村因茶而兴，2022 年上榜全国乡村特色产业产值超亿元村。

20 年前，径山村还是个贫困村。村党总支书记俞荣华坦言："我们有千年古刹径山万寿禅寺，有浙江十大名茶之一的径山茶。守着两张'金名片'，游客来了却留不住，很长时间没有发展起来。"

穷则思变。以"千万工程"为牵引，径山村推进文旅融合发展，发展集种茶、制茶、卖茶、茶旅游于一体的大产业，用一片茶叶带富一方百姓。

好山好水出好茶。村里依托 3000 余亩茶园，统一品牌、统一管理，全面推进生态种植、精深加工，线上线下营销，做强茶产业。

村里组织企业和茶农向茶文化专家请教，还原宋代点茶的技艺流程……深挖茶文化，增加品牌附加值。俞荣华说，"全村一年茶叶产量6万余斤，径山茶很受市场欢迎。"

开发茶文化旅游，村里统一规划、统一设计，通过基础设施提升工程，改造房屋立面，增铺村庄绿道，提升农村人居环境。

"'千万工程'让村子变得像花园，游客愿意来，径山茶品牌也更响了。光是民宿，一年就有10多万元收入。"刘香一家从山上搬了下来，与公婆一起打理90亩茶园，还开起了民宿。

"口渴进来喝杯径山茶，不要钱的。"村民梁汉先热情地招呼游客，"我两年前开起了农家乐，现在一年收入是以前的几倍。"

引导村民大力发展庭院经济，如今，全村有10家茶企、12家精品民宿、78家农家乐。有了吃住场所，径山村又深挖文化资源，发展沉浸式旅游。

漫步径山村，随处可见一个头戴斗笠、身背茶篓、机灵可爱的卡通形象。这是返乡青年马宽和专业设计团队一起打造的径山村旅游IP形象——径灵子。"径灵子衍生出一批文创产品，很受游客喜欢。"马宽说。

去年"五一"假期，"径灵子乐园"开业运营，游客纷至沓来。"一到节假日，来这里玩的家庭特别多。小朋友玩滑梯、蹦床、戏水，大人钓鱼、烧烤、露营，每个人都能找到乐趣。"俞荣华说。

"一汤，量茶受汤，调如融胶；二汤，击拂既力，珠玑磊落……"在茶工坊，游客跟着刘香体验点茶，学习径山茶道。村里利用闲置农房建设了 12 个工坊，让游客参与采茶、制茶等活动。

周颖的父亲是径山茶炒制技艺省级非物质文化遗产代表性传承人。回村后，周颖悉心习茶、研茶，2018 年凭借优异的茶艺展示，成了径山茶推广人。如今，周颖与村里的年轻人一起，将径山茶通过线上销往各地。

做活茶文章，致富路越走越宽。以径山茶为原料创新推出的桂香径红茶、花香红茶，让茶农每年增收 10 万元左右。径山茶的许多衍生产品也受到热捧，其中茶香护龈牙膏年销售超百万支。

"从卖茶叶到弘扬茶文化，从发展茶产业到文旅融合发展，径山村建成集民宿、文化体验、茶产业深加工为一体的 3A 级全域景区村庄。2022 年，我们村游客量超过 220 万人次，村集体经营性收入达到 230 多万元，村民人均收入达到 5.2 万元。"径山村党总支副书记马春强介绍。

"千万工程"的深入实施，吸引越来越多的年轻人返乡创业，不仅给径山茶产业发展注入了新动力，更给乡村发展带来了生机和活力。如今，径山茶这片"绿叶子"成了推动茶农致富的"金叶子"。径山村的美丽嬗变，成为绿水青山就是金山银山理念的生动实践。

《人民日报》（2023 年 06 月 13 日 04 版）

文旅融合促发展

窦瀚洋　赵偲汝

"那地方叫平桥村，是一个离海边不远，极偏僻的，临河的小村庄……"中学课本《社戏》中的内容耳熟能详，曾经的平桥村今天啥模样？

鲁迅先生笔下的"平桥村"，现在是浙江省绍兴市越城区安桥头村。来到这里，稻田碧绿，粉墙黛瓦，小桥流水，一派美丽乡村新气象。

漫步村中，村口祝福广场的"社戏大舞台"上，村民们正在排演越剧；河道中乌篷船往来穿梭；岸边，"闰土与猹"的雕塑栩栩如生……

"要把产业振兴作为乡村振兴的重中之重。"安桥头村党总支部书记宣明德深有感触。随着"千万工程"持续推进，安桥头村发展路径明晰起来：以文化赋能乡村振兴，依托江南水韵原貌，建设宜居宜业和美乡村。

从 2018 年起，安桥头村着力提升村容村貌，改善村内环境，构建文学场景打卡地、艺术乡村诗意栖居地、田园童趣体验地等特色旅游目的地。2020 年，鲁迅美术学院的研究生创作基地落户安桥头村。以鲁迅经典作品为灵感，学生们通过绘画、雕塑、动漫等形式艺术呈现，吸引了不少游客。

清华大学的学生社会实践基地也落在安桥头村。学生们不仅在村里开展社会实践活动，还为安桥头村设计了文化礼堂，古朴雅致的礼堂与村中环境相得益彰。村干部黄丽说："大学生来到村里，为乡村注入了新鲜活力，还带来了许多好点子。"在学生们的倡议下，文化礼堂里定期举办普法讲座、宣讲"枫桥经验"等内容，"大家法律意识强了，矛盾少了，文明乡风越来越浓。"黄丽说。

"村里来了大学生，就是不一样。"村民樊大根喜欢往老年学堂跑，"这里有书法培训班，还有越剧班、舞蹈班，课程丰富，不单是我，大伙儿都愿意来。"

如今的安桥头村，文旅融合发展成了新亮点。望乡楼、闰土的瓜田、梦回平桥公园等景观，让游客可以近距离接触水乡生活；迅哥菜园给了游客体验田园生活的场景。

村民的文化生活也越来越丰富了。婀娜多姿的旗袍走秀、宛转悠扬的越剧演出、诙谐幽默的鹦哥戏……每到周末，社戏大舞台上总是节目不断，村民在台上演得热闹，游客在台下看得开心。

"我们这个戏台，周周有节目。"今年 69 岁的村民陈月仙参加了越剧班和舞蹈队，日子过得有滋有味。

去年 11 月，安桥头村第一届"水乡社戏节"活动成功举办，陈月仙和姐妹们也参与其中，还原了儿时鲁迅去赵庄看戏的热闹场景，观众游客把广场围得水泄不通。

安桥头村搭上文化旅游的"顺风车"，在村口开出了饭店、米酒馆等新馆子。"有村民做了乌豇豆糕，6 天卖了近 2000 元，还有村民摆摊卖干菜饼，一个节假日卖了上千元。"宣明德介绍，村里人尝到了文旅融合的甜头。

"随着'千万工程'深入推进，村里的文旅产业发展越来越好。"宣明德说，去年 9 月，从鲁迅故居到安桥头村的公交旅游专线开通，来自上海、杭州、宁波的游客更多了。今年"五一"假期，安桥头村累计接待游客 3 万人次，相关收入近 20 万元。

2021 年初，该村被列入绍兴 13 个"乡村振兴先行村"创建村之一。"未来，我们将开发深度文化旅游，打造特色民宿，同时，进一步做好研学游，争取让更多游客愿意来、留得下。"宣明德说。

《人民日报》（2023 年 06 月 14 日 04 版）

山乡吹来艺术风

罗珊珊　刘军国

　　白墙黑瓦、远山如黛，循着一声声婉转悠扬的绍兴莲花落，就到了浙江省绍兴市越城区坡塘村。

　　"原来落后小山村，如今美丽又迷人……"走进村里，驻村艺术家陈祥平正在教村民唱莲花落曲目，吸引了不少游客驻足。"这首莲花落唱的正是这里的蝶变历程。"驻村以来，陈祥平对坡塘村有了更深的了解，从"有客来了绕道走"的城郊村，到远近闻名的"风雅坡塘"，坡塘村走出了一条艺术赋能、文旅融合的乡村振兴路。

　　坡塘村的蝶变，是浙江持续推进"千万工程"的真实写照。20年来，以"千万工程"为抓手，浙江各地坚持一村一策、一村一品、一村一业，探索强村富民新路径。

乡村振兴，村村发力，坡塘村该从何做起？论资源禀赋，没有名山大川；比区位条件，虽毗邻城区，也并非独一无二。要想发展旅游业，靠什么吸引游客？

一次偶然的契机，坡塘村与艺术结合了起来。2020年初，来自中国人民大学艺术学院的"艺乡建"团队来到坡塘村采风调研。刚进村，"艺乡建"创始人陈炯就出了个主意，将巨大的绸带挂在茶园上方随风飞舞，一件名为《看见风》的艺术作品就此诞生。"随后的几个月里，1万多名游客慕名前来打卡。"坡塘村党委书记、村委会主任罗国海回忆，村民们第一次感受到了"艺术的力量"。

艺术团队的到来，打开了村民们的思路。竹匠陈荣苗重拾手艺，开起了工艺品小店。"以前是奔着生产生活需要，现在要把竹制品变成艺术品。"陈荣苗制作的竹蜻蜓、竹扁担、竹帆船受到了游客们的喜爱，开店以来，靠着售卖竹艺制品，他已增收上万元。

与此同时，坡塘村探索"微改造、精提升"，就地取材变废为宝。废弃的水表箱，绘上"楚河汉界"棋盘，再放上两个小石凳，一个露天小棋局就有了。"在保留乡村传统风貌的基础上，稍加改造，村里处处都是景观。"罗国海介绍，村里对建筑立面进行创意美化与功能提升，随处可见的砖瓦、蓑衣等老物件都可以打造成特色景观，小投入也有大回报。

依靠改革，盘活闲置土地，租赁闲置农房，既能增加农民财产性收入，又能"筑巢引凤"。如今，村里的旧民居、旧厂房摇身一变，成了乡村博物馆、树兰书屋等文化艺术空间，莲花落表演艺术家胡兆海、"陋室画家"位光明等一批艺术家工作室来此落户。

老茶厂改造而来的新空间，眼下已是"云松乡村艺术馆"，一楼新开了半舍堂茶室，二楼是开放艺术展览空间，出自绍兴市美协、绍兴书画院10名青年画家之手的"云松十景"主题美术长卷正在展览。"有山有水有风雅，适合品茶赏文化，我们第一次来就被村里的文艺氛围吸引了。"半舍堂茶室经营者俞小龙多番考察后，最终将茶室开在了坡塘。

艺术赋能，青山绿水有了别样风味。围绕"云上居"主题，坡塘村打造了"云福广场""云壶飞瀑""云松营地"等一系列旅游观光景观，一体推进文旅融合发展。目前，坡塘村全年可实现旅游综合收入超过300万元，带动剩余劳动力就业220人。

"小到一只碗、一个酒杯，只有做出品质、做出特色，游客才会来了又来。"罗国海正谋划着，打造5到10个具有辨识度的文创产品，以大型文旅活动为切入点，促进乡村旅游长效发展。

《人民日报》（2023 年 06 月 16 日 02 版）

朵朵兰花香　乡村新气象

张帅祯　龚文静

"棠棣无处不逢花。"走进浙江省绍兴市柯桥区漓渚镇棠棣村，村道宽敞洁净，民居整齐排列，一条 3.6 公里长的环村公路串起花的海洋，蔚为壮观。

这个获得"国家级美丽宜居示范村""全国生态文化村"等荣誉的美丽乡村，20 年前却是另一番景象。当时的棠棣村，杂物乱堆乱放，村民们为了种养花卉方便，把露天"农家肥"置于房前屋后，人居环境差，治理难度大。

2003 年，随着"千万工程"在浙江全省深入推进，一场村庄环境整治行动也在棠棣村火热开展。

棠棣村党总支书记刘建明坦言："起初大家环保意识不强，只顾自家方便。想要改变多年养成的生活习惯并不容易。"

发挥"头雁效应"，形成示范引领。刘建明带头拆除了自家花圃的两个粪坑，再同村干部一道挨家挨户做工作。经过系统整治，全村共清理拆除"两堆一坑"（柴堆、草堆、露天粪坑）1800多个，村庄面貌焕然一新。

以解决老大难问题为起点，棠棣村不断拓展环境整治半径：修缮近1万平方米的危墙，修宽道路，整治杆线，亮起路灯，村庄生态环境不断改善，村民生活质量持续提高。

"村子美了，我们的干劲更足了。"棠棣村兰花共富工坊负责人童水标脸上挂满了笑意。

棠棣村因花闻名，素有"千年兰乡"的美誉。随着村居环境改善，一座数字兰花共富工坊拔地而起。村里运用数字化手段，着力做好"兰花"这篇大文章。从智能培育到直播出售，一朵小小的兰花成为村民手中的致富花。

早上七八点，童水标像往常一样点开"温室管家"APP，兰花共富工坊内的温度、湿度等数据一目了然。当日照强烈时，顶棚的一、二层遮阳帘便自动运行；当需要浇灌、通风时，喷淋、风扇等装置便自动运行，确保兰花生长处于舒适环境。

待到兰花培育成熟，童水标便组织村民和电商团队，在工坊内进行分株、装盆和直播销售。"您瞧，这株兰花叫宋梅，花色呈俊俏鲜丽的嫩绿色，花瓣层次丰富，晶莹透亮，犹如翠玉。"电商主播卢燕燕在工坊内搭起直播间，热情地吆喝着。

随着下单声叮咚作响，阵阵兰花香飘向千家万户。

"既要搭上数字化快车，更要推动产业迭代升级，推动农文旅融合发展。"漓渚镇副镇长陈俊杰介绍，2017 年，漓渚镇成为国家田园综合体试点之一。为推进项目实施，棠棣村将 300 余亩分散的丘陵山地改造成连片农田，利用农业景观和乡村空间吸引游客、凝聚人气，促进农业增效、农村增美、农民增收。

如今的棠棣村，以花木产业为主导，以兰文化创意研学体验为特色，年接待培训 2.5 万人次以上、游客 14 万余人次，带动花木销售额增加 1000 余万元，村民人均收入超 12 万元。

村民口袋越来越鼓，但真正转型成"示范村""文明村"，还要靠文明乡风的浸润。今天的棠棣村，以"棠棣"为名，以文明乡风为要，在乡村振兴路上既"塑形"、更"铸魂"。

"世盛千般好，家和万事兴。"在村民钱迪红家门口，两行家训赫然醒目。"这是村里发起的晒家风家训活动。"村妇联主席徐伟凤介绍，棠棣村扎实推进以传承好家训、培育好家风、建设好家庭为主要内容的家庭文明建设，以文化振兴助力乡村振兴。

往前走，一座古色古香的建筑跃入眼帘，这是棠棣乡村振兴讲习所，一群学生正在参加研学活动。"这里本是一片废弃厂房，后来成为我们共同的'精神家园'。"讲习所负责人李红敏介绍。

棠棣村通过修建文化礼堂等方式，让"人勤春早"的价值追求代代相传。"这加强了棠棣在外乡贤与家乡的精神连接。"漓渚镇党委书记罗耀说。

　　20 年来，棠棣村深入实施"千万工程"，让朵朵兰花香，带来乡村新气象。站在新起点的棠棣村，正一步一个脚印，坚定走在迈向共同富裕的道路上。

《人民日报》（2023 年 06 月 17 日 02 版）

数字乡村添彩美好生活

顾仲阳　赵偲汝

一进入浙江省杭州市萧山区瓜沥镇梅林村，科技感扑面而来。扫描"沥小二"二维码，便可快速了解村子概况，停车位、公共厕所在哪里，主要景点、特产有哪些……触手可及的数字技术应用让村民生活更便捷、更美好，乡村生活满满的"幸福感""未来感"让人印象深刻。

"'千万工程'对我们来说，就是'幸福工程'。"一见面，村民朱丽华打开了话匣子。20年来，"千万工程"改变了村里面貌："围墙革命""庭院革命"打造美丽农居，让一个个农家小院修竹环抱；美丽公路、美丽河道、美丽池塘组成"诗意田园"，村里一步一景。让朱丽华更自豪的是数字技术的应用，"你去村里的'美好生活中心'体验一下，可方便啦！"

　　"美好生活中心"是梅林村未来乡村建设的一个"窗口"，智慧健康小站、无人超市、24小时乡村数字书房，数字元素随处可见。

　　在智慧健康小站，村民胡同兴掏出身份证，在舒心就医智慧多功能一体机上自助挂号。前一天他干活不小心扭伤，村医检查后，给开了膏药。谈起村里的智慧化卫生健康服务，胡同兴很满意，"小病慢病、常规检查都不用出村，大病可以远程诊疗。"

　　"智慧医疗，真是太好了！"村民王秋玲患有高血压，以前要到大医院配药吃，如今在村里就能解决。她从村社区卫生服务站领了台智能血压计，平时在家量血压，数据实时上传云端，家庭医生实时监测，发现血压过高，就上门诊疗。村里的全科医生陈约瑟说，通过"健康大脑＋智慧医疗"建设，乡亲们实现了"慢病配药不出村"。梅林村第一书记孔高敏打开数字乡村后台管理系统的就医行为分析数据介绍，"现在选择在村里看病的比例达到70%。"

　　村里的文体设施也充满"智慧"。走进24小时乡村书房，记者看到一排听读机，点一点就能畅听有声读物。书房里还有儿童观影区。"只要有时间，我就会带孩子来这里坐一坐。"村民陈桂芳说，平时乡村书房还会举行少儿读书会、"四点半课堂"、诗歌朗诵会等，活动很是丰富。

　　北塘河边的数字跑道，是村民王官方最爱去的地方，"原先这里荒草丛生，现在成了健身好去处。"人脸识别后，跑多远、消耗多少卡路里，智能设备会自动记录，实时显示在屏幕上。

"数字乡村建设聚焦医疗、教育、休闲等民生需求，通过科技赋能，让乡亲们就地过上现代化生活。"孔高敏说。

数字化改善民生，也助力乡村善治。依托"沥家园"数字基层治理体系，梅林村在线上打造"大邻里中心"——"民呼我为"板块实现村民全程监管村务、村里及时反馈；"公益+"吸引更多群众参与公益事业；"文e家"让村民文化生活"月月有主题，周周有活动"……"沥家园"挂钩村规民约，实行积分制管理，充分调动了村民参与乡村建设、治理的积极性。

"小积分"撬动"社会大治理"。"邻里帮"频道，最近有村民用1000积分发布通告：需要两个熟练工帮忙给油菜籽拍籽、扬清。不一会儿，就有村民帮忙。"现在，邻里之间互帮互助蔚然成风，村里发布的志愿活动招募，经常要靠'抢'的。"村民缪文孝说。

"接下来，我们要为乡亲们提供更多精准便捷的数字化服务，下更大力气建设共富乡村。"孔高敏说。

借助"千万工程"的东风，梅林村不断更新乡村生活"打开方式"，一幅"美丽乡村+数字乡村+共富乡村"的乡村全面振兴图景徐徐铺展。

《人民日报》（2023年06月19日02版）

智慧田园引客来

刘军国　廖睿灵

　　田间，无人翻耕机缓缓移动，一只只白鹭在翻耕后的水田里嬉戏觅食；远处，稻田连片，绿意盎然，一架植保无人机正在作业。

　　浙江省东阳市城东街道寀卢村，一幅美丽的生态农业画卷徐徐铺开。

　　"现在机械化种植，一个人就能种好几百亩稻田。"37岁的郭江华在寀卢村流转了300余亩土地种植水稻，插秧机、无人机、无人翻耕机等现代农机一应俱全，年收入可达十几万元。

　　依托"千万工程"，寀卢村建起"田成方，路成框，树成行，渠成网"的现代农业田园综合体，改善农业生产条件，创新现代农业经营体系，提高了农业劳动生产率和经营效益。寀卢村现拥有耕、种、管、收、烘干加工农业机械200多台（套），已实现水稻生产全程机械化。

不只是机械化，智慧化也成为寀卢村农业发展的一个亮点。"湿度、光照强度、土壤酸碱度、土壤肥力等影响农作物生长的数据，随时可查。"东阳市城东街道党工委书记许旭锋介绍，在加快建设数字浙江的背景下，寀卢村开发农房智管、数字田园等特色应用场景，大力开展5G农业示范园建设。

走进寀卢村党群服务中心，"智慧寀卢"云平台的大屏幕上，监测数据不断更新——土地缺啥营养、用的什么种子、什么时候种下、什么时候收割，数据都可以给出答案。"有了技术支持，农民种植效率更高了。"寀卢村党委书记、村委会主任卢阳春说。

既是"智慧田"，也是"风景田"。寀卢村的现代农业田园成为旅游"打卡点"。"除了水稻种植，我们还有水果采摘、休闲垂钓等项目，节假日里不少游客专程前来，体验田园风光。"卢阳春说。

油菜、早晚稻一茬接一茬，紫藤长廊、樱花大道穿插其中……"源于农业，也要坚守农业，打造个性化、差异化的乡村旅游产品。"卢阳春说，"去年中国农民丰收节浙江主场活动就是在寀卢村办的，来了不少游客。"

田园变公园，农田变景区，20年来寀卢村实现了跨越式发展，村集体收入和农民年人均收入分别从2003年的70余万元、8000多元，增长到2022年的425万元、8.2万元。"我们村的村民种粮有补贴，卖粮有钱赚，还有旅游带来的收入。"卢阳春说。

改善生态环境，建设和美乡村。在"千万工程"带动下，寀卢村将人居环境提升与现代农业、休闲观光等有机融合，开展道路整治、水系连通、景观节点建设等项目，村庄颜值越来越高，先后获评浙江省绿化示范村、浙江省级美丽宜居示范村。

让美丽田园不断增值，寀卢村深化一二三产融合，全面推进乡村振兴，打响"寀卢严选"品牌，提升农产品附加值；加快推进村内企业转型升级；深化农旅融合，吸引游客观光旅游。

"今年我们村里的农业科技馆要开馆了，以后可以带着孩子一起来，了解农业知识、体验一下露营营地……"说起寀卢村的未来，卢阳春信心十足。

《人民日报》（2023 年 06 月 20 日 04 版）

阳光村务增色和美乡村

顾仲阳　窦瀚洋

夏日傍晚，浙江省金华市武义县白洋街道后陈村人民公园热闹起来，老人悠闲散步，孩童玩耍嬉戏。村民陈媛说："今年初，根据大家的诉求，公园进行了改造，增设了文化广场和体育设施，村里人天天都来运动健身。"

作为全国民主法治示范村，后陈村的变化真不小。在村民民主议事、民主监督下，建起集老年食堂、电教活动室于一体的居家养老服务中心，修缮开放式多功能球场……前湖公园荷叶田田，廉政文化广场绿草茵茵，村子宜居宜业，家家户户和和美美。

"村里事务离不开大家的参与。"后陈村党支部书记吴兴勇说。借助"千万工程"的东风，后陈村干部群众几经讨论，表决通过了村务管理制度和监督制度，选举产生了全国首个村务监督委员会，被称为"后陈经验"。该制度后在全国推广开来。

"'后陈经验'就是让村干部明白，群众的监督时时在、处处在。"后陈村村务监督委员会主任胡欣伟说，村务监督委员会的职责，就是代表村民全方位全过程监督村里的人、财、事。

在后陈村，村务监督委员会每月定期检查村集体账目，形成了"村书记说事、监委会主任说账"的惯例，村里的大事小情必须在党员大会和村民代表大会上充分讨论，再在村务公开栏公示。村民徐李俊说："村里事务我们都看得到，真的做到了在阳光下运行。"

胡欣伟介绍，村里还从乡贤、老干部和热心村民中选出4名工程质量群众监督员，全程监督村内大小工程。监督员陈南祥、陈文荣发现有施工单位偷工减料，"我们当时紧急叫停工程，要求施工方更改设计、立即整改，还和跟进项目的村干部进行了谈话。"胡欣伟说。

"商量中办事，监督中干事"。晚饭时分，村里的老年食堂里，陆续有老人前来免费用餐。"每天买完菜，村老年协会都有专人过来检查、称量菜品，每个礼拜还会核查菜价。"承包食堂的陈华银坦言，"在后陈村监督是常态，这是为了村子能更好。"

随着"千万工程"持续推进，"后陈经验"也与时俱进。去年以来，后陈村以此为基础，推广"邻舍家"议事会机制。

众人拾柴火焰高，"邻舍家"帮助村子解决了不少难题。村里一笔财政资金该怎么用？参与"邻舍家"议事会的10多位村民代表各抒己见，在有商有量的氛围里形成共识："改造升级村集体的出租厂房,实现更大发展。"又有村民提议,趁着厂房改造建一些配套设施,方便工厂员工生活。为此,村里再度召开议事会,商量决定配建宿舍、商超。吴兴勇介绍,厂房改造预计能让村集体年收入从现在的 700 万元增长到 2000 多万元。

一张新蓝图正在后陈村铺展开来。"不少地方来学习'后陈经验',我们正在建设后陈研学中心,为学习交流提供场所,顺势发展农文旅产业。"吴兴勇说,"村里大事一起干,好坏大家判,事事有人管,以乡村治理能力现代化推进农业农村现代化,后陈村的明天一定会更好。"

《人民日报》(2023 年 06 月 21 日 03 版)

思想平台

"千万工程"让农村既充满活力又稳定有序

唐　玉

"千万工程"是习近平同志在浙江工作时亲自谋划、亲自部署、亲自推动的一项重大决策，20年来造就了万千美丽乡村，造福了万千农民群众，创造了农业农村现代化的成功经验和实践范例。"千万工程"被当地农民群众誉为"继实行家庭联产承包责任制后，党和政府为农民办的最受欢迎、最为受益的一件实事"，深刻改变了浙江农村的面貌，给广大农民群众带来实实在在的福祉。20年来，"千万工程"不断深化提升，从最初的农村环境整治，逐步扩大到乡村产业发展、城乡基本公共服务均等化、乡村治理理念和模式变革等方方面面。在"千万工程"实施过程中，浙江各地勇于探索，大胆创新，涌现出一批基层治理典型，在乡村治理方面积累了有益经验。总结好运用好这些经验，对于进一步提升乡村治理体系和治理能力现代化水平具有重要意义。

把坚持党的领导、强化党建引领摆在首位。习近平总书记强调："各级党委要扛起政治责任，落实农业农村优先发展的方针，以更大力度推动乡村振兴。""千万工程"在实施过程中，毫不动摇坚持党的领导，强化党建引领，推进基层党建，把资源、服务、管理下沉基层、做实基层，充分发挥基层党组织的战斗堡垒作用。每年召开"千万工程"高规格现场会，省市县党政"一把手"参加，形成了党政"一把手"亲自抓、分管领导直接抓、一级抓一级、层层抓落实的工作推进机制，并且建立起相应的绩效考核机制，强化奖惩激励。同时，着力完善党组织领导的自治、法治、德治相结合的治理体系，创新乡村治理抓手载体。"千万工程"坚持党的领导、强化党建引领，有利于充分整合各类资源、有效激发各方力量，将各项工作落地落实，为形成共建共治共享良好局面打下坚实基础。

充分发挥人民群众主体作用。习近平总书记强调："中国共产党执政的唯一选择就是为人民群众做好事，为人民群众幸福生活拼搏、奉献、服务。"人民立场是中国共产党的根本政治立场。始终坚守人民立场，坚持农民主体地位，激发农民内生动力，真正为农民办实事，才能获得农民的大力支持，将千千万万农民团结在一起，共同为乡村振兴奋斗。"千万工程"之所以具有旺盛而持久的生命力，正是在于它是一项民生工程和民心工程，始终坚持以人民为中心的发展思想，高度重视人民的诉求和利益，把群众满意度作为工作成效的最高评判标准，引导农民自觉投入"千万工程"，充分发挥农民在乡村治理中的主体作用。从清垃圾、清污水、清厕所、道路硬化、村庄绿化等农民急难愁盼问题入手，"千万工程"想农民之所想、急农民之所急，按照"村里的事情大家商量着办"的原则，把"政府想做的"和"农民想做的"结合起来，真正解决实际问题，让百姓真正受益，充分发挥乡村治理中人民群众的主体作用，推动乡村治理机制更加健全、乡村治理体系和治理能力现代化水平显著提高。

有效运用多种治理手段。习近平总书记强调："鼓励基层大胆创新、大胆探索，及时对基层创造的行之有效的治理理念、治理方式、治理手段进行总结和提炼，不断推动各方面制度完善和发展。"乡村治理体系和治理能力现代化是建设宜居宜业和美乡村的基础，需要立足实际不断探索创新。在实施"千万工程"的过程中，浙江许多地方出台乡村治理工作规范、村民说事监督规范、村民诚信指数评价规范等形式多样的规范，建设"百姓议事会""乡贤参事会""道德评议团""百事服务团"等基层治理载体，形成"幸福积分制""垃圾分类积分制"等激励机制，推动乡村治理内涵不断深化、外延不断扩展、成果不断积累。随着乡村治理机制不断创新、治理平台不断完善，各地立足村情，大力落实全面推进乡村振兴各方面工作，让农村既充满活力又稳定有序。

《人民日报》(2023年08月03日09版)

"千万工程"的世界回响

邱海峰

"在浙江看到的,就是未来中国的模样,甚至是未来世界的模样!"2018年参观走访中国浙江村镇时,时任联合国副秘书长兼环境规划署执行主任埃里克·索尔海姆说了这样一句话。

让索尔海姆感慨的,是他所置身的环境优美乡村和一张张乡村过去被污染的照片产生的鲜明对比。改变的背后是一项工程的实施——2003年6月,在时任省委书记习近平的倡导和主持下,浙江在全省启动"千村示范、万村整治"工程:从全省选择1万个左右的行政村进行全面整治,把其中1000个左右的中心村建成全面小康示范村。

20年久久为功，"千万工程"造就了万千美丽乡村，造福了广大农民群众，也赢得了世界积极回响。肯尼亚内罗毕大学地理与环境学系专家伊兰度认为，农村环境整治是环境保护的一个重要部分，"千万工程"向世界表明，中国高度重视环境保护。美国《快公司》杂志称赞浙江农村"变废为宝"，在实施"千万工程"中将众多废弃采石场精心改造为旅游景观、文化场所，为世界各地提供了一个范例。英国爱丁堡大学基础设施与环境研究所教授阿利斯泰尔·博思威克认为，"千万工程"的实施说明在农村大幅改善环境同时实现经济发展是可行的，相信其经验将能传给其他国家，无论是发达国家还是发展中国家。

这回响，印证了"千万工程"底色之绿。启动之初，"千万工程"的重点就很明确：改善农村生产、生活、生态的"三生"环境。从治理厕所污水、厨房污水，到关停矿场解决村庄空气、土地污染问题，再到"垃圾革命"实现全域分类……20年来，"千万工程"深刻改变了浙江乡村面貌，全省2.7万个行政村全面推进农村人居环境建设，建成特色精品村2170个、美丽庭院300多万户，森林覆盖率超过61%，省域乡村生态环境实现质的提升。2018年，"千万工程"荣获联合国最高环保荣誉——"地球卫士奖"，联合国环境规划署表示："中国部分地区用较短时间就取得了一些西方国家几十年的环境治理成果，这显示了推进环境治理、建设生态文明的决心和智慧。"

这回响，印证了"千万工程"红利之大。以环境整治为起点，"千万工程"让更多村庄走上新路，实现更好发展。今日浙江，有的乡村增公园，有的农房当民宿，有的资源变资产，2022年全省农村居民人均可支配收入增至37565元，城乡居民收入倍差提前缩小至1.9以内。这样的绿色发展红利，受益的远不止中国百姓。在浙江，有一个国际"出圈"的乡村旅游品牌——"洋家乐"，来自南非、法国、英国、比利时、丹麦等几十个国家和地区的外国人到中国吃上"生态饭"，每年吸引数十万境内外游客前来旅游度假，其中一家曾被美国有线电视新闻网评为"除长城外15个必须去的中国特色地方之一"。谈起在浙江开办"洋家乐"，一位"洋老板"说："这么美的地方，我第一眼就爱上了，事实证明我选对了。"

这回响，印证了"千万工程"模式之好。当今世界，社会治理模式多种多样，但唯有人民群众满意、符合自然发展规律并契合科学精神的发展模式，才更具价值与实践意义。面对环境保护与经济发展，该如何选择？中国的答案很明确——锚定绿水青山和金山银山双赢，走人与自然和谐共生的现代化道路。始于2003年的"千万工程"，先于联合国2030年可持续发展议程：改善村庄人居环境、主动减排二氧化碳、摒弃损害甚至破坏生态环境的发展模式……联合国官员认为，在浙江，绿色发展带来了"金山银山"，创造了大量就业岗位，民众拥有了更多发展机遇，更加珍爱自己的家园，这种模式值得与世界分享。最早提出"绿色GDP"概念的学者之一、美国国家人文科学院院士小约翰·柯布说："中国给全球生态文明建设带来了希望之光。"

"千万工程"描绘的中国乡村新画卷让世界看到，以绿色为底色的中国式现代化，走的是经济发展和生态环境保护共赢之路。循着这条路向前，中国将继续扎实推进宜居宜业和美乡村建设、美丽中国建设，为全球生态文明建设作出更多中国贡献。

《人民日报海外版》(2023年06月02日01版)

学习掌握"千万工程"所蕴含的理念和方法

郑　毅

2003 年 6 月，时任浙江省委书记的习近平同志审时度势、高瞻远瞩，作出了实施"千村示范、万村整治"工程的决策。20 年来，"千万工程"的内涵外延不断深化拓展、迭代升级，造就了浙江万千美丽乡村，造福了万千农民群众，促进了美丽生态、美丽经济、美好生活的有机融合，在浙山浙水之间绘就"千村向未来、万村奔共富、城乡促融合、全域创和美"的现代版"富春山居图"。2018 年 9 月，"千万工程"获得联合国最高环保荣誉——"地球卫士奖"。"千万工程"之所以能够在全国起到示范效应、在国际上得到充分认可，根本就在于根植其中的精髓要义贯通历史、现实和未来，链接浙江、中国和世界。

先"洗脸"后"化妆"，修复美丽生态。新世纪初，浙江经济在高歌猛进的同时也付出了巨大的环境代价，特别是农村乡镇企业迅猛发展，"村村点火、户户冒烟"，随之而来的是环境"脏、乱、差"问题日益突出，人民群众对环境问题的反映日益增多。"千万工程"以整治环境问题为先手棋，从垃圾收集、村内道路硬化、卫生改厕、河沟清淤、村庄绿化向面源污染治理、农房改造、农村公共设施建设拓展，实施生态修复，不断擦亮生态底色，走出了一条以点带线、连线成片再到全域规划、全域建设、全域提升、全域美丽的新路径。今天的浙江，农村整体面貌发生深刻变化，规划保留村生活污水治理覆盖率100%，农村生活垃圾基本实现零增长、零填埋，农村卫生厕所全面覆盖，森林覆盖率超过61%，农村人居环境质量居全国前列，成为首个通过国家生态省验收的省份。

好风景造就好"钱景"，发展美丽经济。"千万工程"把村庄整治与发展经济结合起来，将生态优先、绿色发展理念贯穿改善农村人居环境的各阶段、各环节、全过程，注重抓好发展强村、反哺富村，实现了"美丽风景"向"美丽经济"的有效转化，走出了可持续发展、绿色发展的兴村富民之路。2005年8月15日，习近平同志来到安吉余村考察，高度评价余村下定决心关闭"高收入"的矿区、全面走绿色发展之路的做法,并首次提出"绿水青山就是金山银山"的理念。今天的浙江,乡村旅游、养生养老、农村电商等新业态蓬勃发展,农村居民人均可支配收入从 2003 年的 5431 元提升到 2022 年的 37565元,村级集体经济年经营性收入 50 万元以上的行政村占比已达51.2%。随着"千万工程"持续推进,浙江不断打通拓宽"两山"理论转化通道,"绿水青山"在永续增值中充分释放发展动能。

变"要我干"为"我要干",共建美好生活。"千万工程"的出发点和落脚点是不断解决好农业农村发展最迫切、农民反映最强烈的实际问题。正因如此,"千万工程"又被当地农民群众誉为"继实行家庭联产承包责任制后,党和政府为农民办的最受欢迎、最为受益的一件实事"。但要想把这件实事办好,就必须充分尊重农民的意愿和主导地位,充分调动并发挥广大农民群众的积极性、主动性和创造性。在推进"千万工程"进程中,浙江坚持从农民群众最直接、最现实、最关心的事情做起,由表及里、塑形铸魂,把精神文明建设贯穿农村人居环境建设全过程,努力把农村建设成农民身有所栖、心有所依的美好家园。同时,注重调动各方面积极性,建立"政府主导、农民主体、部门配合、社会资助、企业参与、市场运作"的建设机制,形成全社会共同参与、共同推动、共同建设的大格局。

从美丽生态、美丽经济到美好生活,"千万工程"走的是贯彻绿色发展理念，加快推进城乡一体化、农业农村现代化的路子，根本目的在于为乡亲们谋幸福。牢牢把握这根准绳，认真学习借鉴"千万工程"的好经验，因地制宜，务求实效，我们就能在与人民群众的"双向奔赴"中激发乡村振兴的磅礴伟力。

《学习时报》（2023 年 06 月 02 日 01 版）

思想平台·

学习运用"千万工程"经验
有力有效推进乡村全面振兴

唐尚书　　肖诗涵

　　中央农村工作会议 19 日至 20 日在北京召开，会议传达学习了习近平总书记对"三农"工作作出的重要指示，讨论了《中共中央、国务院关于学习运用"千村示范、万村整治"工程经验有力有效推进乡村全面振兴的意见（讨论稿）》。会议强调，"要学习运用'千万工程'蕴含的发展理念、工作方法和推进机制，从农民群众反映强烈的实际问题出发，找准乡村振兴的切入点，提高工作实效"。这为我们有力有效推进乡村全面振兴，以加快农业农村现代化更好推进中国式现代化建设提供了重要的理论指引和行动指南。

"千万工程"是习近平同志在浙江工作时亲自谋划、亲自部署、亲自推动的一项重大决策。2003 年 6 月，在时任省委书记习近平的倡导和主持下，以农村生产、生活、生态的"三生"环境改善为重点，浙江全省启动"千村示范、万村整治"工程：花 5 年时间，从全省选择 1 万个左右的行政村进行全面整治，把其中 1000 个左右的中心村建成全面小康示范村。"千村示范、万村整治"应运而生。实施 20 年来，"千万工程"在推进农村人居环境治理、建设宜居宜业和美乡村、促进社会共同富裕、满足群众美好生活需要等方面成效显著，影响非凡。"千万工程"历久弥新，其中蕴含的战略思维、创新理念、科学方法、务实作风与原则立场，正发展成为新时代加强农业强国建设、全面推进乡村振兴的科学指引与重要遵循。

坚持系统谋划、整体推进的战略思维，统筹城乡融合协同发展。"千万工程"从美丽乡村、美丽生态、美好生活等方面融会促进乡村高质量发展。从战略高度把握城乡发展比较优势，在顶层设计中明确城乡协同发展的战略定位与布局，促进城乡人口、技术、资本、资源等要素加速融合，整体推进城乡社会经济、生态、文化等全面协调可持续发展，方能为全面推进乡村振兴奠定坚实基础。

坚持生态优先、绿色发展的创新理念，守牢发展与生态两条底线。乡村是社会生产资源、生活资源与生态资源的富集区，承担着涵养国家生态环境的主体责任。新时代全面推进乡村振兴，须立足乡村资源禀赋，践行"两山"理念，坚守发展与生态底线，实现经济效益与生态效益的双赢。正确处理乡村振兴中质量与速度、发展与保护、增长与安全等重大关系，坚持生态惠民、生态利民、生态为民，推进山水林田湖草沙一体化保护和系统治理，在乡村实现生态优先、节约集约、绿色低碳的高质量发展。

坚持因地制宜、分类施策的科学方法，抓好物质文明与精神文明协调发展。乡村建设既要见物也要见人，既要"塑形"也要"铸魂"，既要实现物质富足，也要实现精神富有，物质文明和精神文明"两手抓"，才能实现乡村由表及里、形神兼备的全面提升。一方面，不断改善与提升乡村人居环境和公共服务水平，促使乡村资源生态优势和人文生态优势转化为经济发展优势。另一方面，加强农村精神文明建设，丰富农村文化生活，提升乡村精神风貌。

坚持循序渐进、久久为功的务实作风，持续推动乡村振兴走深走实。习近平总书记强调指出，全面实施乡村振兴战略的深度、广度、难度都不亚于脱贫攻坚，必须加强顶层设计，以更有力的举措、汇聚更强大的力量来推进。这要求我们保持战略定力与耐心，积极稳妥、有力有序推进乡村产业、人才、文化、生态、组织"五个振兴"，把好事办好、实事办实。坚持从实际出发，大兴调查研究的务实作风，坚持问题导向，在多重选择中寻求最优解、多元目标中达成最大公约数、多方推进中找到平衡点，奋力开拓新时代乡村全面振兴发展新局面。

坚持党建引领、人民至上的原则立场，不断推进乡村治理体制机制创新。办好农村的事情，实现乡村振兴，关键在党。必须加强党对"三农"工作的全面领导，健全党组织领导的乡村治理体系，强化"三农"政策保障和机制体制创新，提升乡村治理效能。自觉站稳人民立场，强化宗旨意识，充分尊重农民意愿，发挥农民主体作用。紧盯"民之所盼"，落实落细惠民生、暖民心举措，千方百计拓宽农民增收致富渠道，巩固拓展好脱贫攻坚成果，不断提升农民获得感、幸福感、安全感，为新时代全面推进乡村振兴汇聚更强大力量。

《光明日报》(2023 年 12 月 26 日 07 版)

理论茶座

总结推广浙江"千万工程"经验 推动学习贯彻习近平新时代中国 特色社会主义思想走深走实

专题调研组

"千村示范、万村整治"工程是习近平同志在浙江工作时亲自谋划、亲自部署、亲自推动的一项重大决策,全面实施 20 年来深刻改变了浙江农村的面貌。近日,中央有关部门赴浙江开展专题调研。调研组在杭州、宁波、湖州、金华等地实地走访,广泛接触各级党政干部、基层群众、企业负责人等,与 20 年来亲历见证"千万工程"的老党员、老支书面对面交谈切身感受,与长期工作在"三农"一线的同志深入交流,并委托相关单位到嘉兴、丽水等地了解情况。在此基础上,与浙江的同志一起总结实施"千万工程"的经验启示。

总的感到，20 年来，浙江持之以恒实施"千万工程"，探索出一条加强农村人居环境整治、全面推进乡村振兴、建设美丽中国的科学路径。"千万工程"充分彰显了习近平总书记以非凡魄力开辟新路的远见卓识和战略眼光，全面展现了人民群众伟大实践同人民领袖伟大思想、伟大情怀相互激荡形成的凝聚力和创造力。总结推广"千万工程"的有益经验，对推动学习贯彻习近平新时代中国特色社会主义思想走深走实，完成艰巨繁重的改革发展稳定任务，具有特殊重要意义。

一、基本情况

2003 年 6 月，时任浙江省委书记的习近平同志在广泛深入调查研究基础上，立足浙江省情农情和发展阶段特征，准确把握经济社会发展规律和必然趋势，审时度势，高瞻远瞩，作出了实施"千万工程"的战略决策，提出从全省近 4 万个村庄中选择 1 万个左右的行政村进行全面整治，把其中 1000 个左右的中心村建成全面小康示范村。在浙江工作期间，习近平同志亲自制定了"千万工程"目标要求、实施原则、投入办法，创新建立、带头推动"四个一"工作机制，即实行"一把手"负总责，全面落实分级负责责任制；成立一个"千万工程"工作协调小组，由省委副书记任组长；每年召开一次"千万工程"工作现场会，省委省政府主要领导到会并部署工作；定期表彰一批"千万工程"的先进集体和个人。亲自出席 2003 年"千万工程"启动会和连续 3 年的"千万工程"现场会并发表重要讲话，为实施"千万工程"指明了方向。2005 年在安吉县余村调研时提出"绿水青山就是金山银山"的发展理念，把生态建设与"千万工程"更紧密结合起来，美丽乡村建设成为"千万工程"重要目标。习近平同志始终牵挂着"千万工程"，担任总书记以来多次作出重要指示批示，强调坚持因地制宜、分类指导，规划先行、完善机制，突出重点、统筹协调，通过长期艰苦努力，全面改善农村生产生活条件；强调一件事情接着一件事情办，一年接着一年干，建设好生态宜居的美丽乡村，让广大农民在乡村振兴中有更多获得感、幸福感；强调深入总结经验，指导督促各地朝着既定目标，持续发力，久久为功，不断谱写美丽中国建设的新篇章；强调实现全面小康之后，要全面推进乡村振兴，建设更加美丽的乡村。习近平总书记一系列重要指示批示为推进"千万工程"提供了根本遵循。

浙江历届省委、省政府按照习近平总书记的战略擘画和重要指示要求，顺应形势发展和实际需要，持续深化"千万工程"。20年来，整治范围不断延伸，从最初的1万个左右行政村，推广到全省所有行政村；内涵不断丰富，从"千村示范、万村整治"引领起步，推动乡村更加整洁有序，到"千村精品、万村美丽"深化提升，推动乡村更加美丽宜居，再到"千村未来、万村共富"迭代升级，强化数字赋能，逐步形成"千村向未来、万村奔共富、城乡促融合、全域创和美"的生动局面。

"千万工程"造就了万千美丽乡村，造福了万千农民群众，促进了美丽生态、美丽经济、美好生活有机融合，被当地农民群众誉为"继实行家庭联产承包责任制后，党和政府为农民办的最受欢迎、最为受益的一件实事"，被专家学者誉为"在浙江经济变革、社会转型的关键时刻，让列车换道变轨的那个扳手，转动了乡村振兴的车轮"。淳安县下姜村老党员姜祖海动情地说："当年我听总书记的话，在全村第一个建沼气池、第一个开农家乐。现在村里环境越来越美、发展越来越好，老百姓日子越过越幸福，我们最感恩的就是总书记！"

从调研情况看，浙江实施"千万工程"主要有以下突出成效。一是农村人居环境深刻重塑。规划保留村生活污水治理覆盖率100%，农村生活垃圾基本实现"零增长""零填埋"，农村卫生厕所全面覆盖，森林覆盖率超过 61%，农村人居环境质量居全国前列，成为首个通过国家生态省验收的省份。调研中不少农民群众津津乐道从"室内现代化、室外脏乱差"到"室内现代化、室外四季花"的巨大变化，从"坐在垃圾堆上数钞票"到"端稳绿水青山'金饭碗'"的华丽转身。金华市浦江县向水晶产业污染"开刀"，"黑臭河""牛奶河"再无踪影；台州市仙居县"化工一条江"变为"最美母亲河"，生态绿道串联起山水田园。二是城乡融合发展深入推进。城乡基础设施加快同规同网，最低生活保障实现市域城乡同标，基本公共服务均等化水平全国领先，农村"30 分钟公共服务圈""20分钟医疗卫生服务圈"基本形成，城乡居民收入比从 2003 年的 2.43缩小到 2022 年的 1.90。"城市有乡村更美好、乡村让城市更向往"正在成为浙江城乡融合发展的生动写照。嘉兴市同志讲，"当年总书记乘坐 101 路公交车调研城乡基础设施一体化建设，现在老百姓乘坐 101 路公交车见证城乡风貌的巨变、触摸城乡融合发展的脉动"。三是乡村产业蓬勃发展。休闲农业、农村电商、文化创意等新业态不断涌现，带动农民收入持续较快增长，全省农村居民人均可支配收入由 2003 年 5431 元提高到 2022 年 37565 元，村级集体经济年经营性收入 50 万元以上的行政村占比达 51.2%。全省建成风景线 743 条、特色精品村 2170 个、美丽庭院 300 多万户，形成"一户一处景、一村一幅画、一线一风光"的发展图景。实施"十万农创客培育工程"，累计培育农创客超 4.7 万名，打造出"衢州农播"、丽水"农三师"等一批人才培养品牌。义乌市李祖村引进农创客 200 余人，带动创业就业村民人均月增收 2500 元。当地一位归乡农创客感慨，"水土好、梨才好，我做的梨膏糖卖得也好"。四是乡村治理效能有效提升。以农村基层党组织为核心、村民自治为基础、各类村级组织互动合作的乡村治理机制逐步健全，乡村治理体系和治理能力现代化水平显著提高，农村持续稳定安宁。宁波市基层干部谈到，"实施'千万工程'以前，有些村级组织说话没人听、办事没人跟，现在村'两委'给群众办实事、办好事，组织有了凝聚力战斗力，干部有了威信，老百姓信得过"。五是农民精神风貌持续改善。推动"物的新农村"向"人的新农村"迈进，全域构建新时代文明实践中心、新时代文明实践所、农村文化礼堂三级阵地，建成一批家风家训馆、村史馆、农民书屋等，陈规陋习得到有效遏制，文明乡风、良好家风、淳朴民风不断形成。杭州市小古城村村民说，"村里建起了文化礼堂，经常有'我们的村晚''我们的村歌''我们的村运会'，放下筷子就想去"。六是在国内外产生广泛影响。各地区认真贯彻习近平总书记重要指示批示精神，结合实际学习借鉴浙江经验，农村人居环境整治提升和乡村建设取得扎实成效。"千万工程"不仅对全国起到了示范效应，在国际上也得到认可，2018 年 9 月荣获联合国"地球卫士奖",为营造和谐宜居的人类家园贡献了中国方案。

二、主要做法

习近平同志在浙江工作期间对"千万工程"既绘蓝图、明方向，又指路径、教方法，到中央工作后继续给予重要指导。20 年来，浙江按照习近平总书记重要指示要求，深入谋划推进、加强实践探索，推动"千万工程"持续向纵深迈进，形成了一系列行之有效的做法。

（一）坚持生态优先、绿色发展。习近平同志在浙江工作期间强调，要将村庄整治与绿色生态家园建设紧密结合起来，同步推进环境整治和生态建设；打好"生态牌"，走生态立村、生态致富的路子，并明确提出"绿水青山就是金山银山"。浙江把这些重要理念和要求贯穿实施"千万工程"全过程各阶段，以整治环境"脏乱差"为先手棋，全面推进农村环境"三大革命"，全力推进农业面源污染治理，开展"无废乡村"建设，实施生态修复，不断擦亮生态底色。坚持生态账与发展账一起算，整治重污染高耗能行业，关停"小散乱"企业，大力创建生态品牌、挖掘人文景观，培育"美丽乡村 +"农业、文化、旅游等新业态，推动田园变公园、村庄变景区、农房变客房、村民变股东，持续打通绿水青山就是金山银山的理念转化通道，把"生态优势"变成"民生福利"。

（二）坚持因地制宜、科学规划。习近平同志在浙江工作期间要求，从浙江农村区域差异性大、经济社会发展不平衡和工程建设进度不平衡的实际出发；坚持规划先行，以点带面，着力提高建设水平。浙江在实施"千万工程"过程中，立足山区、平原、丘陵、沿海、岛屿等不同地形地貌，区分发达地区和欠发达地区、城郊村庄和纯农业村庄，结合地方发展水平、财政承受能力、农民接受程度开展工作，尽力而为、量力而行，标准有高有低、不搞整齐划一，"有多少汤泡多少馍"。着眼遵循乡村自身发展规律、体现农村特点、注意乡土味道、保留乡村风貌，构建以县域美丽乡村建设规划为龙头，村庄布局规划、中心村建设规划、农村土地综合整治规划、历史文化村落保护利用规划为基础的"1+4"县域美丽乡村建设规划体系，强化规划刚性约束和执行力，一旦确定下来就不折不扣实施。

（三）坚持循序渐进、久久为功。习近平同志在浙江工作期间指出，要不断丰富"千万工程"内涵，拓展建设领域；坚持不懈地抓好这项惠及全省千百万农民的"德政工程"。浙江紧盯"千万工程"目标不动摇、不折腾，保持工作连续性和政策稳定性，每5年出台1个行动计划，每个重要阶段出台1个实施意见，以钉钉子精神推动各项建设任务顺利完成。根据不同发展阶段确定整治重点，与时俱进、创新举措，制定针对性解决方案，既不刮风搞运动，也不超越发展阶段提过高目标，从花钱少、见效快的农村垃圾集中处理、村庄环境清洁卫生入手，到改水改厕、村道硬化、绿化亮化，再到产业培育、公共服务完善、数字化改革，先易后难、层层递进。

（四）坚持党建引领、党政主导。习近平同志在浙江工作期间要求，各级党政主要负责人要切实承担"千万工程"领导责任；充分发挥基层党组织的战斗堡垒作用和党员的先锋模范作用。浙江坚持把加强领导作为搞好"千万工程"的关键，建立党政"一把手"亲自抓、分管领导直接抓、一级抓一级、层层抓落实的工作推进机制，每年召开"千万工程"高规格现场会，省市县党政"一把手"参加，地点一般选在工作力度大、进步比较快、具有典型意义的县（市、区），营造比学赶超、争先创优浓厚氛围。坚持政府投入引导、农村集体和农民投入相结合、社会力量积极支持的机制，真金白银投入。将农村人居环境整治纳入为群众办实事内容，纳入党政干部绩效考核，强化奖惩激励。突出党政主导、各方协同、分级负责，配优配强村党组织书记、村委会主任，推行干部常态化驻村联户、结对帮扶，实行"网格化管理、组团式服务"。

（五）坚持以人为本、共建共享。习近平同志在浙江工作期间强调，必须把增进广大农民群众的根本利益作为检验工作的根本标准，充分尊重农民的意愿，充分调动农村基层干部和广大农民群众的积极性和创造性。浙江在实施"千万工程"过程中，始终从农民群众角度思考问题，尊重民意、维护民利、强化民管。实施初始就把增进人民福祉、促进人的全面发展作为出发点和落脚点，从群众需要出发推进农村人居环境整治。在进行决策、推进改革时，坚持"村里的事情大家商量着办"，不搞强迫命令。厘清政府干和农民干的边界，该由政府干的主动想、精心谋、扎实做，该由农民自主干的不越位、不包揽、不干预，激发农民群众的主人翁意识，广泛动员农民群众参与村级公共事务，推动实现从"要我建设美丽乡村"到"我要建设美丽乡村"的转变。

（六）坚持由表及里、塑形铸魂。习近平同志在浙江工作期间强调，要加强思想道德建设，开展多种形式的文化活动，满足农民群众日益增长的精神文化生活需求。浙江注重推动农村物质文明和精神文明相协调、硬件与软件相结合，努力把农村建设成农民身有所栖、心有所依的美好家园。大力弘扬社会主义核心价值观，加强法治教育，完善村规民约，持续推动移风易俗。构建农村文化礼堂效能评价体系、星级管理机制，在文化场所建设、文化活动开展中融入乡土特色、体现农民需求，变硬性推广为潜移默化，变"文化下乡"为"扎根在乡"。通过打造"美在安吉"、德清"德文化"等区域性品牌，挖掘农村传统文化基因，推动崇德向善。结合农村特性传承耕读文化、民间技艺，加强农业文化遗产保护、历史文化村落保护。在未来乡村建设中专门部署智慧文化、智慧教育工作，着力打造乡村网络文化活力高地。

浙江"千万工程"之所以取得突出成效，最根本在于习近平总书记的战略擘画、关心厚爱和关怀指导，在于习近平新时代中国特色社会主义思想的科学指引。必须更加深刻领悟"两个确立"的决定性意义，增强"四个意识"、坚定"四个自信"、做到"两个维护"，切实把浙江"千万工程"经验总结推广好、学习运用好，把握蕴含其中的习近平新时代中国特色社会主义思想的世界观和方法论，不断转化为推进中国式现代化建设的思路办法和具体成效。

（一）必须坚持以人民为中心的发展思想，把实现人民对美好生活的向往作为出发点和落脚点。"千万工程"源于习近平总书记的深厚农民情结和真挚为民情怀。20年来，浙江从全省千百万农民群众的切身利益出发，坚持民有所呼、我有所应，不断改善农村生产生活条件，提高农民的生活质量和健康水平，使广大农民有更多获得感、幸福感、安全感。实践证明，只有心里真正装着农民，想农民之所想，急农民之所急，不断解决好农业农村发展最迫切、农民反映最强烈的实际问题，才能得到农民群众的真心支持和拥护，才能加快补齐农业农村这块我国现代化建设的短板。新时代新征程上，要更加自觉站稳人民立场，强化宗旨意识，尊重人民意愿，采取更多惠民生、暖民心举措，千方百计拓宽农民增收致富渠道，巩固拓展好脱贫攻坚成果，让农民腰包越来越鼓、日子越过越红火，推动农民农村共同富裕取得更为明显的实质性进展。

（二）必须坚持以新发展理念为统领，全面推进乡村振兴。"千万工程"实施前后农村面貌的鲜明反差、推进落实带来生产生活的巨大变化，根本上反映的是发展理念的变革、发展方式的转变。从村庄环境建设到农村全面发展，从物质文明建设到精神文明建设，浙江坚持新发展理念，走出了一条迈向农业高质高效、乡村宜居宜业、农民富裕富足的康庄大道。实践证明，观念一变天地宽。只有完整、准确、全面贯彻新发展理念，推进乡村振兴才能理清思路、把握方向、找准着力点。新时代新征程上，要以新发展理念为统领，立足加快构建新发展格局，正确处理速度和质量、发展和环保、发展和安全等重大关系，加强机制创新、要素集成，抓好乡村产业、人才、文化、生态、组织"五个振兴"，实现农业生产、农村建设、乡村生活生态良性循环。

（三）必须强化系统观念，着力推动城乡融合发展。"千万工程"实施 20 年来，浙江始终坚持统筹城乡发展，不断推动城市基础设施向农村延伸、公共服务向农村覆盖、资源要素向农村流动，使城乡关系发生深刻变革。实践证明，必须把农村和城市作为一个有机统一的整体系统考虑、统筹协调，充分发挥城市对农村的带动作用和农村对城市的促进作用，兼顾多方面因素，注重多目标平衡。新时代新征程上，要系统摆布城乡关系，以县域为重要切入点，统筹部署、协同推进，抓住重点、补齐短板，加大改革力度，破除妨碍城乡要素平等交换、双向流动的制度壁垒，促进发展要素、各类服务更多下乡，加快形成工农互促、城乡互补、协调发展、共同繁荣的新型工农城乡关系。

（四）必须大兴调查研究，从实际出发想问题、作决策、办事情。"千万工程"是习近平同志到浙江工作后不久，用 118 天时间跑遍 11 个地市，一个村一个村地仔细考察，充分掌握省情农情作出的重大决策。20 年来，"千万工程"的每一次深化，都是基于调查研究的成果。实践证明，正确的决策离不开调查研究，正确的贯彻落实同样也离不开调查研究。只有学好练精这个基本功，才能把情况摸清、把问题找准，提出的点子、政策、方案才能符合实际情况、符合客观规律、符合科学精神。新时代新征程上，要持续加强和改进调查研究，围绕学习贯彻党的二十大精神，聚焦推进乡村振兴、实现共同富裕、增进民生福祉等改革发展稳定中的重点难点问题，深入基层、掌握实情、把脉问诊，紧密结合自身实际，谋划实施有针对性的政策举措，不断破解矛盾瓶颈、推动高质量发展。

（五）必须突出抓基层、强基础、固基本工作导向，健全党组织领导的基层治理体系。"千万工程"实施 20 年来，浙江抓党建促乡村振兴，充分发挥农村基层党组织战斗堡垒作用，充分发挥村党组织书记、村委会主任的带头作用，引导基层党员干部干在先、走在前，团结带领农民群众听党话、感党恩、跟党走。实践证明，群众富不富，关键看支部；支部强不强，还看"领头羊"。只有坚持以党建引领基层治理，善于发动群众、依靠群众，才能把党的政治优势、组织优势、密切联系群众的优势，不断转化为全面推进乡村振兴的工作优势。新时代新征程上，要突出大抓基层的鲜明导向，选优配强基层党组织领导班子，完善党组织领导的自治、法治、德治相结合的治理体系，推动各类治理资源向基层下沉，不断激发人民群众的积极性、主动性、创造性，形成凝心聚力、团结奋斗的良好局面。

（六）必须锚定目标真抓实干，一张蓝图绘到底。20年来，浙江始终把"千万工程"作为"一把手"工程，保持战略定力，一任接着一任干，实现一个阶段性目标，又奔向新的目标，积小胜为大胜，创造了接续奋斗不停歇、锲而不舍抓落实的典范。实践证明，真抓才能攻坚克难，实干才能梦想成真。必须持续改进工作作风，把更多心思和功夫花在狠抓落实上，力戒形式主义、官僚主义，不搞"政绩工程""形象工程"，防止"新官不理旧账"。新时代新征程上，要紧紧围绕党的中心任务，对标对表党中央决策部署，保持历史耐心，一件事情接着一件事情办，一年接着一年干，尤其要注意防止换届后容易出现的政绩冲动、盲目蛮干、大干快上以及"换赛道""留痕迹"等倾向，以良好的作风进一步赢得党心民心，凝聚起强国建设、民族复兴的磅礴力量。

《求是》（2023 年第 11 期）

在深入践行"千万工程"上
走前列作示范

中共浙江省委

"千村示范、万村整治"工程，是习近平同志在浙江工作期间亲自谋划、亲自部署、亲自推动的一项重大决策。2003 年 6 月，时任浙江省委书记的习近平同志在广泛深入调查研究基础上，提出从全省近 4 万个村庄中选择 1 万个左右的行政村进行全面整治，把其中 1000 个左右的中心村建成全面小康示范村，在浙江大地展开了"千万工程"的时代画卷。习近平同志亲自出席 2003 年"千万工程"启动会和连续 3 年的"千万工程"现场会并发表重要讲话，为实施"千万工程"擘画蓝图、立柱架梁。党的十八大以来，习近平总书记一直倾心关怀、倾情牵挂、倾力指导"千万工程"，多次作出重要指示批示，指引浙江不断把"千万工程"推向纵深。当前，全党正在深入开展学习贯彻习近平新时代中国特色社会主义思想主题教育，浙江迎来"八八战略"实施 20 周年的重要时间节点，习近平总书记对浙江"千万工程"作出重要批示，为推进"千万工程"进一步指明了前进方向、提供了根本遵循。我们认真学习领会、深入贯彻落实习近平总书记重要批示精神，坚决扛起浙江作为习近平新时代中国特色社会主义思想重要萌发地、"千万工程"发源地和率先实践地的使命担当，持续擦亮"千万工程"金名片，在深入践行"千万工程"上努力打头阵当先锋作示范。

"千万工程"指引浙江乡村发生了精彩蝶变，探索走出一条加强农村人居环境整治、全面推进乡村振兴、建设美丽中国的科学路径

对照习近平同志在浙江工作期间的重要论述、重要决策，我们在践行"千万工程"中始终紧扣推进城乡一体化"一条主线"，聚焦规划科学、经济发达、文化繁荣、环境优美、服务健全、管理民主、社会和谐、生活富裕等"八个示范"，开展布局优化、道路硬化、路灯亮化、四旁绿化、河道净化、卫生洁化、住宅美化、服务强化等"八化整治"，坚持加强农村基层组织建设"一个保障"，形成了目标要求精准、实施原则明晰、重点任务突出、工作机制健全的完整体系，推动"千万工程"日益展现出弥足珍贵、历久弥新的强大力量和璀璨光芒。20 年间，"千万工程"范围不断延展、内涵日益丰富，深刻改变了浙江农村的面貌，造就了万千美丽乡村、造福了万千农民群众，绘就了一幅美丽生态、美丽经济、美好生活有机融合的乡

村新画卷,推动浙江成为全国农业现代化进程最快、乡村经济最活、乡村环境最美、农民生活最优、城乡区域最协调的省份之一。

20年来,"千万工程"指引浙江全面塑造宜居宜人的农村人居环境,走出了一条"重生态、整体美"的路径。习近平同志在浙江工作期间强调,"千村示范、万村整治"作为一项"生态工程",是推动生态省建设的有效载体,既保护了"绿水青山",又带来了"金山银山";要加大农村基础设施和生态环境建设投入,大力开展村庄环境整治,切实解决农村环境脏乱差的问题。20年来,我们牢固树立"绿水青山就是金山银山"理念,坚持从解决群众反映最强烈的环境脏乱差着手,全域推进农村垃圾、污水、厕所"三大革命",建立城乡一体的风貌管控体制机制,开展"无废乡村"建设,实施生态修复,精雕细琢提升乡村整体风貌。经过20年的努力,浙江农村人居环境深刻重塑,规划保留村生活污水治理覆盖率100%,农村卫生厕所全覆盖,农村生活垃圾基本实现"零增长""零填埋"。全省90%以上村庄建成新时代美丽乡村,建成"一户一处景、一村一幅画、一线一风光、一县一品牌"的美丽大花园,尽显整体大美、江南韵味、浙江气质。

20年来,"千万工程"指引浙江全面理顺互动互促的城乡一体关系,走出了一条"重规划、深度融"的路径。习近平同志在浙江工作期间强调,"千村示范、万村整治"作为一项"龙头工程",牵住了城乡一体化建设的牛鼻子;要加快推进城乡一体化,率先在全国走出一条以城带乡、以工促农、城乡一体化发展的路子。20年来,我们牢牢树立城乡融合发展理念,统筹推进城乡交通、供水、供电、供气、物流、金融网点等建设，加快城乡生产要素双向流动，努力实现城乡制度无差别、发展有差异的融合发展、特质发展，让浙江成为富裕程度最高、发展均衡性最好的省份之一。2022 年，全省城乡居民人均可支配收入分别为 71268 元、37565 元，城乡居民收入倍差由 2003 年的 2.43 缩小到 2022 年的 1.90。全省城乡公交一体化率达 75%，农村等级公路比例 100%，城乡同质饮水率先基本实现，5G、光纤资源实现重点行政村全覆盖。现在浙江城乡之间在经济发展上越来越呈现出一体化融合的趋势，农业和农村新兴产业越来越成为有奔头的产业，农民越来越成为有吸引力的职业，农民就地过上了现代文明生活。

20 年来，"千万工程"指引浙江全面激活创业创富的农村发展动能，走出了一条"重产业、活力足"的路径。习近平同志在浙江工作期间强调，无论是发展经济、增加农民收入，还是改善生态环境，都必须以农村现代产业为基础；要因地制宜地把村庄整治建设与特色产业的开发结合起来，不断增强农业的竞争力、农村经济的实力和农民增收的能力。20 年来，我们把美村与富村结合起来，打好强村富民乡村集成改革组合拳，深入实施"两进两回"（科技进乡村、资金进乡村、青年回农村、乡贤回农村）行动计划，创新发展农村电商、养生养老、文化创意、运动休闲等新业态，推进资源变资产、资金变股金、农民变股东"三变"改革，进一步厚植浙江乡村经济兴、市场活、百姓富的优势。全省累计建成 82 条产值超 10 亿元的农业全产业链，辐射带动 478 万农民就业创业。培育县级以上农业龙头企业 5383 家、示范性农民专业合作社 9491 家、农创客超 4.7 万名、建成"共富工坊"6226 家。如今，"村村产业有特色、户户创业有奔头、人人就业有门路"已经成为浙江乡村产业蓬勃发展的生动写照。

20 年来，"千万工程"指引浙江全面提升和乐和美的农民生活品质，走出了一条"重民生、福祉多"的路径。习近平同志在浙江工作期间强调，"千村示范、万村整治"作为一项基础性工程，在改善农村生产生活条件、提高农民生活质量、促进农民生活方式转变和文明素质提高，进而改变农村落后社区的状况，推动农村全面小康社会建设上，起到了积极的促进作用；要推动社会公共资源向农村倾斜、城市公共设施向农村延伸、城市公共服务向农村覆盖、城市文明向农村辐射。20 年来，我们健全为民办实事长效机制，加快城乡公共服务优质共享，推动教育培训、劳动就业、医疗卫生、社会保障等服务向乡村延伸，农村居民收入持续较快增长，广大农民群众的获得感、幸福感、安全感和认同感不断增强。全省农村"30 分钟公共服务圈""20 分钟医疗卫生服务圈"基本形成，居家养老服务实现中心乡镇（街道）和社区全覆盖，农村幼儿园等级率98.8%、农村优质幼儿园在园幼儿占比 73.1%，基本公共服务均等化水平全国领先。浙江广大干部群众切实感受到浙江农村的巨大变化、自身生活条件的显著改善，说得最多的就是"'千万工程'让我们赶上了好时代、过上了好日子、享受了好福气"。

20 年来，"千万工程"指引浙江全面提升善治善成的乡村治理水平，走出了一条"重共治、效能高"的路径。习近平同志在浙江工作期间强调，推进"千村示范、万村整治"工程既是政府的责任，也是农民自己的事情，要重视调动农村基层组织和广大农民群众参与整治的积极性；要大力推进基层民主政治建设，浓厚基层民主法治氛围，畅通社情民意渠道，疏导理顺群众情绪。同时，他还亲自倡导践行"浦江经验"，大力推广和创新"枫桥经验"，推动健全村党组织领导的充满活力的村民自治机制。20年来，我们持续加强基层治理体系和治理能力现代化建设，积极构建"一中心四平台一网格"基层社会治理体系，大力推进自治、法治、德治"三治"融合，全域构建新时代文明实践中心、新时代文明实践所、农村文化礼堂三级阵地，推动浙江成为治理效能最高、人民群众最具安全感的省份之一。全省累计建成省级以上民主法治村1643个，县级以上民主法治村占比90%以上，行政村党务、村务、财务"三务"公开水平达99.8%，村级治理现代化水平稳步提升。

20年来，"千万工程"指引浙江全面筑牢向实向深的"三农"工作基础，走出了一条"重党建、合力强"的路径。习近平同志在浙江工作期间强调，"千村示范、万村整治"工程形成了合力共建美好家园的氛围，促进了党群干群关系的改善和基层组织的建设；要全面推进农村基层党组织建设，积极发挥党组织的领导核心作用。20年来，我们坚持把加强党的领导作为抓好"千万工程"的关键，强化抓党建促乡村振兴，深化"网格化管理、组团式服务"，高标准落实农村党建"浙江二十条"，大力实施"红色根脉强基工程"，深化"百县争创、千乡晋位、万村过硬"工程，有力推动农村基层党建全面进步、整体提升。2022年，全省村级集体总资产8800亿元、占全国1/10，集体经济年经营性收入50万元以上的行政村占比达

51.2%，形成了集体经济实力强、基层领导班子强、推进"千万工程"和乡村全面振兴合力强的生动局面，涌现出淳安县下姜村、安吉县余村村、东阳市花园村等一大批先进典型。

"千万工程"之所以取得突出成效，最根本的原因在于有习近平总书记的战略擘画、关心厚爱和关怀指导，在于有习近平新时代中国特色社会主义思想科学指引。每到重要节点，习近平总书记都把关定向、指路引航，深刻展示了人民领袖伟大思想、伟大情怀同人民群众伟大实践、伟大创造相互激荡的光辉历程，生动展现了习近平新时代中国特色社会主义思想的真理力量和实践伟力，全面展示了中国特色社会主义制度的显著优势，充分彰显了"两个确立"的决定性意义。这深刻启示我们，只要坚定捍卫"两个确立"、坚决做到"两个维护"，坚定不移沿着习近平总书记指引的道路奋勇前进，就一定能够在政治上、思想上、行动上牢牢掌握主动，不断打开新局面、取得新胜利、走向新辉煌。

在循迹溯源中用好"千万工程"这一鲜活教材，更好理解把握习近平新时代中国特色社会主义思想的世界观和方法论

"千万工程"的提出与实施，是习近平新时代中国特色社会主义思想在浙江萌发与实践的鲜活例证和生动缩影。浙江省委结合开展学习贯彻习近平新时代中国特色社会主义思想主题教育，深化开展"循迹溯源学思想促践行"活动，把"千万工程"作为开展主题教育的经典教科书、实证案例库，推动全省党员干部用心回味、真心感悟习近平总书记的谆谆教诲和殷殷嘱托，进一步理解把握"千万工程"的时代

背景、发展脉络、丰富内涵、实践要求；通过探寻追溯思想之源、真理之光，实地感悟理论之花、实践之果，不断增进对习近平新时代中国特色社会主义思想的政治认同、思想认同、理论认同、情感认同。

在循迹溯源中，我们更加深刻认识到"千万工程"有着深深扎根浙江大地的强大生命力。习近平同志到浙江工作后不久，带头大兴调查研究之风，用 118 天跑遍 11 个市、25 个县（市、区），一次次深入萧山梅林村、奉化滕头村等村庄调研，在深入调研发现问题、深度了解群众意愿、深层总结提升之前经验做法的基础上，提出了"千万工程"。这是坚持把马克思主义基本原理与浙江实际相结合，回答浙江之问、解决浙江难题的生动实践。我们更加深刻认识到"千万工程"有着引领浙江干部群众的强大感召力。20 年来，浙江全省党员干部群众坚持把"千万工程"作为贯穿"三农"工作的一条主线，一张蓝图绘到底、一任接着一任干，久久为功、层层递进、步步深化。浙江党员干部追寻"千万工程"感恩奋进的点滴细节，浙江人民群众追溯"千万工程"饮水思源的动人画面，折射出"千万工程"深得"万千人心"，成为党员干部群众真正拥护爱戴的"感恩工程"、真正支持参与的"民心工程"、真正受益得利的"德政工程"。我们更加深刻认识到"千万工程"有着彰显重要窗口形象的强大影响力。"千万工程"不仅对全国产生了示范效应，在国际上也得到认可，2018 年 9 月荣获联合国"地球卫士奖"。"千万工程"的推进实施，打造了内外兼修、形神兼备的实践成果，对内出经验作示范、对外多发声展形象，以"浙江之窗"展示"中国之治"、"中国之美"，为营造和谐宜居的人类家园贡献了中国方案。

学习越深入、实践越深化，我们越能从"千万工程"中，更好地学习领悟习近平新时代中国特色社会主义思想的科学真理力量、磅礴实践力量和习近平总书记的伟大人格魅力，理解把握蕴含其中的立场观点方法。

学思践悟"千万工程"蕴含的战略思维。"千万工程"是习近平同志在浙江工作期间立足浙江省情和发展阶段特征，前瞻把握乡村发展演进趋势和未来形态，从全局、长远、大势上认识、分析、判断浙江农业农村现代化面临的重大历史课题，作出的一项战略性系统性的顶层设计和重大决策。我们要深刻认识把握"千万工程"贯彻体现着加快推进城乡一体化、农业农村现代化的深远战略考量，把握大势、高瞻远瞩的战略视野，把握规律、科学决策的非凡魄力，从而强化战略思维、保持战略定力，提升从战略全局上看问题、作判断、办事情的能力，真正做到既把方向、抓大事、谋长远，又抓准抓好工作的切入点、着力点、落脚点，不断增强决策科学性、前瞻预见性、工作主动性和执行创造性。

学思践悟"千万工程"蕴含的变革理念。"千万工程"是习近平同志在浙江工作期间对浙江农村发展方式、发展路径、发展动能的一次深层次、全方位、整体性的变革重塑，指引浙江农村率先走上了创新发展、协调发展、绿色发展、开放发展、共享发展的高质量发展道路。我们要深刻认识把握"千万工程"集中反映了新发展理念在浙江农村萌发形成的清晰脉络和巨大成效，充分证明新发展理念是破解发展难题、增强发展活力、厚植发展优势、实现高质量发展的必由之路，从而完整、准确、全面理解和贯彻新发展理念，正确处理速度和质量、发展和环保、发展和安全等重大关系，奋力实现更高质量、更有效率、更加公平、更可持续、更为安全的发展。

学思践悟"千万工程"蕴含的系统观念。"千万工程"是习近平同志在浙江工作期间坚持系统思维、全局谋划、突出重点、综合集成，提出的牵引城乡一体化建设牛鼻子的"龙头工程"。我们要深刻认识把握"千万工程"把农村和城市作为一个有机统一的整体系统考虑、统筹协调，综合把握全局和局部、当前和长远、物质和文化、宏观和微观、资源和生态、治标和治本、抓点和促面、渐进和突破、主要矛盾和次要矛盾、顶层设计和基层探索等多方面因素，是习近平总书记在浙江工作期间娴熟运用辩证唯物主义特别是"两点论"和"重点论"的典范，从而更加强化树立系统观念、运用系统方法，掌握前瞻性思考、全局性谋划、整体性推进各项工作的科学思维方法，努力在多维度推进中实现重点突破，在多目标平衡中寻求"最优解"。

学思践悟"千万工程"蕴含的为民情怀。"千万工程"是习近平同志在浙江工作期间充分尊重农民心声意愿、增进农民根本利益、促进农民全面发展，为浙江广大农民作出的一项民生实事、民心实事。我们要深刻认识把握"千万工程"把解决好人民群众最关心最直接最现实的利益问题作为出发点和落脚点，一以贯之彰显"为民要重在办事""办实每件事，赢得万人心"等鲜明立场，深怀爱民之心、恪守为民之责、善谋为民之策，更加坚定地站稳人民立场，坚持民有所呼、我有所应，自觉问计于民、问需于民，把惠民生、暖民心、顺民意的工作做到人民群众的心坎上，不断满足人民群众对美好生活的向往。

　　学思践悟"千万工程"蕴含的问题导向。"千万工程"是习近平同志在浙江工作期间直面浙江发展"先天的不足""成长的烦恼""转型的阵痛",针对浙江农村环境"脏、乱、差"这一直观问题,紧扣农村建设和社会发展明显滞后这一深层问题,聚焦城乡一体化这一根本问题,找到的破解城乡二元结构、解决城市和农村"两种人"、探索农业农村现代化方式路径问题的"金钥匙"。我们要深刻认识把握"千万工程"以问题为导向对症开方、在解决问题中务求发展的务实作风和科学方法,从而更加牢固树立问题意识、强化问题导向,大兴调查研究,坚持用敏锐的眼光发现问题、用清醒的头脑正视问题、用科学的方法解决问题,在解决实际问题中找到改革创新的突破点、找到发展前进的增长点、找到风险隐患的化解点,做到解决真问题、推动真发展。

深入学习贯彻习近平总书记重要批示精神,推动"千万工程"在新时代新征程更加直抵人心、熠熠生辉

　　一段时间以来,浙江把学习贯彻习近平总书记对"千万工程"的重要批示精神作为重大政治任务,打出学习宣传贯彻组合拳,系统总结提炼"千万工程"实施 20 年来形成的实践成果、理论成果、制度成果,谋划制定《关于坚持和深化新时代"千万工程"全面打造乡村振兴浙江样板的实施意见》,坚决扛起"千万工程"发源地和率先实践地的使命担当。下一步,我们将深入学习贯彻习近平总书记关于"三农"工作的重要论述精神,按照党的二十大全面推进乡村振兴的总体部署,加快推动"千万工程"迭代升级,加快构建

"千村引领、万村振兴、全域共富、城乡和美"的"千万工程"新画卷，促进农业高质高效、乡村宜居宜业、农民富裕富足，为深入实施"八八战略"、加快打造新时代全面展示中国特色社会主义制度优越性的重要窗口夯实基础，为全面推进乡村振兴和美丽中国建设作出贡献。

进一步立起"千村引领"之标。深化运用"千万工程"坚持先行示范、典型引路、以点带面的理念方法，在全省选树建成1000个左右和美乡村示范村，差异化打造、特质化发展、全域化提升，加快探索走出中国式农业农村现代化新路径。推进和美乡村片区化、组团式、带状型发展，实施农房改造、管线序化、村道提升新"三大革命"，立足乡土特征、文化特质和地域特点，持续深化"一村万树"建设，加强和美乡村与美丽城镇、美丽田园、美丽生态廊道、美丽河湖、美丽公路统筹贯通，以"绣花"功夫推进乡村有机更新、风貌提升，绘就现代版"富春山居图"。

进一步形成"万村振兴"之势。深化运用"千万工程"坚持尊重规律、因地制宜、分类施策的理念方法，立足山区、平原、丘陵、沿海、岛屿等不同地区不同村庄的实际条件，全面推进乡村产业、人才、文化、生态、组织"五个振兴"，形成全省1.97万余个行政村比学赶超、争先创优，千帆竞发、万马奔腾的生动局面。持续推进科技强农、机械强农，纵深推进"百千万"永久基本农田集中连片整治，筑牢粮食安全底线，大力优化乡村营商环境，加快发展乡村数字经济，加快建设乡村数字新基建，不断打开"绿水青山就是金山银山"转化通道，厚植乡村振兴内在动能。

进一步拓宽"全域共富"之路。深化运用"千万工程"扬长补短、共建共享、务实求实的理念方法，推动高质量发展建设共同富裕示范区，以缩小收入差距、城乡差距、地区差距为目标，深化推进强村富民乡村集成改革，全链条促进农民农村共同富裕。大力发展新型农村集体经济，探索闲置宅基地和闲置农房多种盘活方式，着力构建农民持续增收长效机制，支持农民工多渠道灵活就业和自主创业，深化新型帮扶共同体建设和"山海协作"工程，实施先富带后富"三同步"行动（统筹推进山区 26 县、乡村振兴重点帮促村、低收入农户同步基本实现现代化），拓展乡村振兴十大助力行动，深化"共富工坊"建设，努力让农民群众共享共同富裕发展成果。

进一步迈向"城乡和美"之境。深化运用"千万工程"坚持党政主导、统筹协调、塑形铸魂的理念方法，坚持新型城镇化战略和乡村振兴战略"双轮驱动"，坚持农村物质文明和精神文明相协调，加快破除城乡二元结构，全面构建城乡居民幸福共同体。全过程加强党对农村的领导，建立健全"千万工程"专项任务责任制，完善鼓励基层首创机制，写好"强城""兴村""融合"三篇文章，全景式推进县域城乡融合发展，不断完善全民覆盖、城乡一体、优质共享的基本公共服务体系，深入推进有利于城乡要素双向流动的各项改革，把自上而下的"浦江经验"与自下而上的"枫桥经验"有机结合，进一步涵养文明乡风、良好家风、淳朴民风，汇聚起感恩奋进、团结奋斗的强大合力。

《求是》（2023 年第 12 期）

"千万工程"蕴含马克思主义哲学智慧

肖香龙　马寅杰

"千村示范、万村整治"工程是习近平同志在浙江工作期间，亲自谋划、亲自部署、亲自推动的一项重大决策。"千万工程"实施20年来，浙江乡村实现了人居环境的极大改善、乡村风貌发生了历史性巨变。回顾这20年来的实施过程，"千万工程"不仅建成了一批美丽乡村，而且成为向全国宣传推广的又一"浙江经验"。深挖"千万工程"蕴含的深刻哲学智慧，对于推广乡村振兴的"浙江样板"、做好改革发展中的实践工作，具有重要意义。

实事求是，一切从实际出发

一切从实际出发，理论联系实际，实事求是，在实践中检验真理和发展真理是我们党的思想路线。改革开放之初，浙江工业发展迅猛，但是在快速发展中，以电镀、印染、纺织、化工为代表的浙江工业企业、乡镇企业对环境的不利影响也迅速显现出来。面对城乡经济的快速发展，时任浙江省委书记的习近平同志直面农村环境问题日渐严峻的挑战，从改善村民人居环境的目标切入，向农村"脏乱差散"的面貌"宣战"。

"千万工程"的提出体现了"定位—定标—定法"的思维逻辑。因历史问题和工业化的迅速发展造成农村人居环境较差，这是"千万工程"提出的现实基点；改变农村风貌差的现状、建设美丽乡村，这是"千万工程"实施的奋斗目标；通过改水、改厕、绿化、亮化、农房改造、基础设施拓展，使得乡村生态优美、宜居宜业，这是"千万工程"推进的方式方法。从问题提出到目标确定，再到路径探索，"千万工程"的每一步都是从实际出发，为的是让浙江乡村变美变富，彰显了实事求是看待问题、遵循世界的物质性原理和规律的客观性原理的哲学智慧。

深入调查研究，坚持马克思主义实践观

实践观是马克思主义引领时代变革的重要理论基石，实践是人类能动地改造世界的社会性的物质活动，实践是检验真理的唯一标准。辩证唯物主义认为，实践是认识的基础，实践在认识活动中起着决定性的作用。深入调查研究就是我们践行马克思主义实践观的基本前提。调查研究是我们党的传家宝，纵观我们党的奋斗历程，从血雨腥风的革命年代，到白手起家的创业历程，再到伟大复兴的新

时代，无一不是以调查研究为前提的。调查研究为我们党认识实践提供了宝贵的一手资料。"千万工程"是时任浙江省委书记的习近平同志深入基层调研，通过走访一村村一户户掌握大量一手资料后，亲自谋划、亲自部署、亲自推动的一项重大决策。习近平同志身体力行、亲力亲为，为全党重视调研、深入调研、善于调研树立了光辉典范。

通过实践获得的认识，还需要通过实践来检验其是否具有真理性。"千万工程"实施 20 年来，在实践中也遇到过这样那样的困难，但是浙江上下始终坚持绿色发展，在困难中反复实践、不断进取，浙江乡村发展取得历史性蝶变，见证了"千万工程"深刻改变 5000 多万人的生活，确证了习近平生态文明思想的真理力量。20 年来，余村借"千万工程"的东风，坚持画"山水画"，念"山字经"，写"田园诗"，吃"生态饭"，探索出"守绿换金""添绿增金""点绿成金""借绿生金"等一批转化模式，让生态变成"摇钱树"、风景成为"聚宝盆"，村民收租金、挣薪金、分股金获得"三收益"，2022 年村集体经济收入达到 1305 万元，村民人均收入达到 64863 元。

不负人民，坚持马克思主义人民观

人民性是马克思主义的本质属性，人民至上是马克思主义的政治立场。马克思主义政党把人民放在心中最高位置，始终站稳人民立场、把握人民愿望、尊重人民创造、集中人民智慧，一切奋斗都致力于实现最广大人民的根本利益。习近平总书记指出，人民对美好生活的向往，就是我们的奋斗目标。"千万工程"的生动实践充分证明：人民群众最关心什么，我们党就做什么；人民群众最需要什么，党员同志就致力于什么。"千万工程"实施之前，农村环境问题一度危害村民身体健康，群众对整治农村环境的需求十分迫切，通过收集、倾听、梳理群众反映，"千万工程"落地生根。因此，"千万工程"是收集群众诉求、捕捉群众需求、解决群众痛点、满足群众意愿的典型代表。

为人民谋幸福是中国共产党这个百年大党始终不变的初心。"千万工程"实施的初心就是为村民谋幸福，就是为了满足村民对美好生活的向往。从污水治理、垃圾处理到农房改造、绿化美化，处处彰显的是人民的生活在向好。在"千万工程"的引领下，一些乡村的特色产业应运而生。安吉余村的连绵秀竹、缙云莲花村的共享稻田、武义朱王村的省运会场馆、桐庐母岭村的桂花产业、杭州外桐坞村的茶叶基地等一大批特色产业的成功实践，切实提升了当地村民收入，帮助村民过上了更加美好的生活，一起奔向共富路。

崇尚久久为功，坚持马克思主义发展观

事物总是不断发展变化的，发展是前进的上升的运动，事物的发展是一个过程。"千万工程"实施以来，历届浙江省委通过以"千万工程"为代表的环境治理政策的合力，以前所未有的力度和信念改善农居环境、守护绿水青山，取得了举世瞩目的成绩。实践已经不止一次地证明："千万工程"就是合乎历史发展方向、具有强大生命力的新事物。20年间，"千万工程"从最基本的农村人居环境整治开始，实现了从"千村示范、万村整治"到"千村精品、万村美丽"

再到"千村未来、万村共富"的发展飞跃。在怎样建设美丽乡村的问题上，浙江始终以发展的眼光看待问题，把握时代的脉搏，将一个个成果丰硕的终点变成争取更大胜利的起点，全力打造"千万工程"的升级版。

"千万工程"实施以来，内容不断拓展，内涵不断提升，从环境整治扩展到发展绿色产业，不断让农业更强、农村更美、农民更富。"千万工程"的发展是一任接着一任干、一年接着一年干、一件事接着一件事办所成就的伟大工程。"千万工程"所蕴含的以人民为中心的发展思想、绿色发展的思想、久久为功的发展思想，丰富了马克思主义发展观，拓展了我们党发展理论的新境界。

做到统筹兼顾，坚持马克思主义系统观

系统观是马克思主义关于事物普遍联系的基本观点。"千万工程"自实施以来，特别是进入新时代后，乡村发展建设的系统性内涵不断完善。"千万工程"的参与者更加注重乡村发展的整体性、层次性、动态性，从各方面认识和把握乡村事务的关联度与规律，注重工程推进过程中各要素之间的联系，在工作中形成了"整体—专项—要素"的系统性观念，从而做到"省委—地市—乡镇—农村"的纵向协调发展系统结构，继而实现了乡村风貌建设整治扎实落实、相互促进、平衡进步的理想架构。

"千万工程"的实施牵涉到农村工作的方方面面。"千万工程"的实施出发点是改善农村人居环境，它不是"头痛医头、脚痛医脚"的机械思维，而是一个涉及经济发展、乡村治理、乡风文明、产业

发展、环境美化的的系统思维。"千万工程"是浙江系统性破解"经济发展、环境恶劣"难题的突破口，通过"千万工程"，浙江积累了同时实现主导产业兴旺发达、主体风貌美丽宜居、主题文化繁荣兴盛的宝贵经验，也为乡村产业、人才、文化、生态、组织五大振兴协同推进提供了一条成熟的系统路径。

　　党的二十大擘画了以中国式现代化全面推进中华民族伟大复兴的宏伟蓝图。全面建设社会主义现代化国家，最艰巨最繁重的任务仍然在农村。深刻把握"千万工程"所蕴含的世界观、方法论的哲学智慧，可以更好地推动宜居宜业和美乡村建设，夯实农业农村现代化的基础，为浙江共同富裕先行和现代化先行贡献力量。

《光明日报》（2023 年 06 月 27 日 06 版）

"千万工程"谱写美丽乡村新篇章

彭　玮

"千村示范、万村整治"工程造就万千美丽乡村，造福万千农民群众，成效显著，影响深远，谱写了美丽乡村新篇章，为全球治理贡献了中国智慧。习近平总书记曾多次就这一工程作出重要指示批示，强调要深入总结提炼，推广好经验好做法，各地区和有关部门要坚持新发展理念，因地制宜、分类施策，加快城乡融合发展步伐，继续积极推动美丽中国建设，全面推进乡村振兴，为实现中国式现代化奠定坚实基础。新时代新征程，全面建设社会主义现代化国家，最艰巨最繁重的任务仍然在农村。深入总结、学习、运用好"千万工程"的成功经验，将助力加快城乡融合发展、推动美丽中国建设、全面推进乡村振兴，为实现中国式现代化奠定坚实基础。

谱写坚持以人民为中心的初心篇章

不忘初心，方得始终。改革开放后，浙江工业经济高速发展，但也付出了巨大的生态代价。习近平同志在浙江工作期间，为解决人民群众反映最强烈的农村环境脏乱差问题，亲自制定了"千万工程"的战略目标、战略重点、优先顺序、主攻方向、工作机制、推进方式，明确了责任机制、协调机制、督办机制、激励机制等"四个一"工作机制。二十年来，浙江将"千万工程"作为最大的民生工程、民心工程，不断改善农村生产条件，美化农村生活环境，提高农民的生活质量，为村民算好共富账、民生账、生态账三本"幸福账"。2022年浙江省农村居民人均可支配收入增至37565元，城乡居民收入倍差提前缩小至1.9以内，农村居民收入水平连续38年荣膺全国各省区第一。浙江省通过"千万工程"促进城乡融合发展，城乡基础设施、最低生活保障、基本公共服务差距逐步缩小，农村人居环境质量居全国前列，广大农民获得感、幸福感、安全感不断增强。

新时代新征程，要更加自觉站稳人民立场。人民立场是中国共产党的根本政治立场，是马克思主义政党区别于其他政党的显著标志。习近平总书记指出："共产党就是为人民谋幸福的，人民群众什么方面感觉不幸福、不快乐、不满意，我们就在哪方面下功夫，千方百计为群众排忧解难。"说到底，衡量工作得失的标准，就看是否让群众受益、使群众满意。"民之所忧，我必念之；民之所盼，我必行之"，全心全意办好群众需要的、想要的实事，我们的事业才能有源头活水、生生不息。新时代新征程，要把解决好人民群众最关心最直接最现实的利益问题作为出发点和落脚点，深怀爱民之心、恪守为民之责、善谋为民之策，更加坚定地站稳人民立场，始终把人民对美好生活的向往作为我们的奋斗目标，把惠民生、暖民心、顺民意的工作做到人民群众的心坎上，最大程度激发斗志、最大范围凝聚力量，书写新的更大奇迹。

谱写加强基层治理的党建篇章

习近平同志在浙江工作期间，要求各级党政主要负责人要切实承担"千万工程"领导责任。建立党政"一把手"亲自抓、分管领导直接抓、一级抓一级、层层抓落实的工作推进机制。二十年来，浙江坚持把加强党的领导作为抓好"千万工程"的关键，强化抓党建促乡村振兴，深化"网格化管理、组团式服务"，高标准落实农村党建"浙江二十条"，大力实施"红色根脉强基工程"，深化"百县争创、千乡晋位、万村过硬"工程，有力推动农村基层党建全面进步、整体提升。将农村人居环境整治纳入为群众办实事内容，纳入党政干部绩效考核，强化奖惩激励。充分发挥村党组织书记、村委会主任的带头作用，引导基层党员干部干在先、走在前。2022 年，全省村级集体总资产 8800 亿元、占全国的十分之一，集体经济年经营性收入 50 万元以上的行政村占比达 51.2%，形成了集体经济实力强、基层领导班子强、推进"千万工程"合力强的生动局面。

新时代新征程，要更加突出大抓基层的鲜明导向。加强党的建设是我们党从胜利走向胜利的重要法宝。突出政治功能，提升组织力，把农村基层党组织建设成为宣传党的主张、贯彻党的决定、领导基层治理、团结动员群众、推动改革发展的坚强战斗堡垒。要选优配强基层党组织领导班子，充分发挥组织优势和组织功能，把广大基层党员和群众的思想、行动、力量和智慧凝聚起来，推动各类治理资源向基层下沉，不断激发人民群众的积极性、主动性、创造性，形成凝心聚力、团结奋斗的良好局面。

谱写贯彻新发展理念的创新篇章

习近平同志在浙江工作期间强调，要将村庄整治与绿色生态家园建设紧密结合起来，同步推进环境整治和生态建设。打好"生态牌"，走生态立村、生态致富的路子。2005 年在安吉县余村调研时，他提出"绿水青山就是金山银山"的发展理念并指导实践，实现了生态建设与"千万工程"的紧密结合，协同推进。"千万工程"根本上反映的是发展理念的变革、发展方式的转变，实现产业建设、基层治理、乡风化育与生态保护、环境治理多元融合，形成了乡村振兴的良性循环。

新时代新征程，要始终坚持新发展理念，坚持系统性思维，完整、准确、全面贯彻新发展理念，将新发展理念贯穿部署到"五位一体"总体布局和"四个全面"战略布局中去，贯彻到经济社会发展的全过程和各领域中去。立足加快构建新发展格局，正确处理速度和质量、发展和环保、发展和安全等重大关系，加强对乡村产业、人才、文化、生态、组织"五个振兴"的前瞻性思考、全局性谋划、战略性布局、整体性推进，加强政策协调配合，实现农业生产、农村建设、乡村生活生态良性循环。

谱写大兴调查研究的作风篇章

调查研究是我们党的传家宝，是做好各项工作的基本功。习近平总书记指出："调查研究是谋事之基、成事之道，没有调查就没有发言权，没有调查就没有决策权。""千万工程"是习近平总书记到浙江工作后不久，针对浙江农村经济粗放发展与乡村环境"脏、乱、差"的现象，用 118 天时间跑遍 11 个地市、25 个县，一路听、一路看，一路思考，进行深入调查研究后作出的重大决策。正是在这样深入细致的调研基础上作出的带有"泥土味"的科学决策，才使"千万工程"二十年来始终保持旺盛生命力和持久活力。

"明者因时而变，知者随事而制"。二十年来，浙江"千万工程"建设不断延伸，内容不断拓展。随着"千万工程"的深入实施，其内容早已跳出单纯的农村环境整治，农村基础设施建设、城乡基本公共服务均等化配置、"两山"理论转化、乡村产业发展、乡村治理、农村文化礼堂建设等内容不断充实其中。内涵不断丰富，从"千村示范、万村整治"引领起步，到"千村精品、万村美丽"深化提升，再到"千村未来、万村共富"迭代升级，逐步形成"千村向未来、万村奔共富、城乡促融合、全域创和美"的生动局面。

新时代新征程，要持续加强和改进调查研究。以马克思主义为指导的中国共产党，从诞生之时就善于运用调查研究的武器不断探索适合自己的道路。当前，全党上下正在大兴调查研究，广大党员干部要增强做好调查研究的思想自觉、政治自觉、行动自觉，利用多种形式广泛听取各方意见，充分了解民情民意，凝聚群众智慧力量。只有脚踏实地、沉到一线，所作的决策才能击中"痛处"、挠到

"痒处"。只有学好练精调查研究这个基本功，才能把情况摸清、把问题找准，提出的点子、政策、方案才能符合实际情况、符合客观规律、符合科学精神。

谱写一张蓝图绘到底的实干篇章

"千万工程"在浙江实施时，采取了两个办法：一是每年开一次现场会，由省委书记出席，带领市县干部考察两三个示范村，并作现场指导；二是每年办一次成效展，省委书记亲自抓部署落实和示范引领，调动大家的积极性。二十年来，浙江紧盯"千万工程"目标不动摇，一任接着一任干，一棒接着一棒跑，持续改进工作作风，把更多心思和功夫花在狠抓落实上，保持工作连续性和政策稳定性，以钉钉子精神推动各项建设任务顺利完成。

新时代新征程，要更加踏踏实实地真抓实干。习近平总书记告诫广大党员干部，"不要搞急功近利的政绩工程，多做一些功在当代、利在长远、惠及子孙的事情"。要把学习运用好浙江"千万工程"经验同推动树立和践行正确政绩观结合起来，胸怀"功成不必在我"的精神境界和"功成必定有我"的使命担当。要紧紧围绕党的中心任务，对标对表党中央决策部署，保持历史耐心，"身入"更要"心至"，抓住老百姓最急难愁盼的问题，真正把功夫下到察实情、出实招、办实事、求实效上，努力创造出经得起历史和人民检验的实绩。

《光明日报》（2023 年 07 月 17 日 06 版）

"千万工程"蕴含哪些乡村生态共富密码

李宏伟　　张二进

"千万工程"是习近平生态文明思想的生动实践，是习近平同志在浙江工作期间亲自谋划、亲自部署、亲自推动的一项重大决策。20年来，"千万工程"从"千村示范、万村整治"引领起步，到"千村精品、万村美丽"深化提升，再到"千村未来、万村共富"迭代升级，深刻改变了浙江农村的面貌，全面提升了乡村生活质量，最关键的是走出了一条乡村生态共富的全新道路，造福了万千农民。

在前不久召开的全国生态环境保护大会上，习近平总书记强调"以高品质生态环境支撑高质量发展，加快推进人与自然和谐共生的现代化"，深刻阐述了生态环境与经济发展之间的关系，凸显了生态文明建设中生态共富这一目标的重要性。

回溯渊源,"千万工程"多年来持之以恒、久久为功、成效显著,蕴含了乡村生态共富的深刻内涵。习近平同志在浙江工作时指出:"如果能够把这些生态环境优势转化为生态农业、生态工业、生态旅游业等生态经济的优势,那么绿水青山也就变成了金山银山。"由此可见,规范高效推进"绿水青山"转化为"金山银山",破解"生态环境与经济发展"之间的不协调难题,最能够体现人民对生态环境保护与经济社会发展成果的共同分享,完全符合共同富裕的理论逻辑与价值取向。

"千万工程"从全面整治乡村环境污染、持续提升乡村生态环境出发,不断推动乡村生态产业发展,推动乡村生态资源资产化、生态资产资本化、生态资本产品化、生态产品市场化,实现绿色惠民,充分激发乡村奔向共同富裕、建设生态文明,真正实现乡村生态共富。本世纪初,浙江省金华市浦江县曾拥有2万多家水晶加工家庭作坊。面对严重的环境污染,"千万工程"倒逼浦江"铁腕治水",全面整治水晶产业,淘汰"低、小、散"家庭作坊近2万家,规模化企业进入园区集聚发展,实现产业升级与环境美丽的双赢局面,形成全国闻名的"浦江经验"。

继往开来,"千万工程"让之江万千乡村发生翻天覆地的变化,打开浙江高质量发展新通道,"千村向未来、万村奔共富、城乡促融合、全域创和美"的新格局已然形成。"千万工程"的核心精髓是以生态资源为基础、以生态理念为导向、以生态产业为抓手、以生态共富为目标,推动乡村振兴与共同富裕有机融合。"千万工程"不仅融入实现共同富裕的愿景目标和制度设计,还以先行先试为当前我国扎实推进共同富裕提供了经验启示，蕴含着独特的乡村生态共富密码。

需要注意的是，由于各地乡村情况差异较大，面临的问题情境千差万别，在贯彻学习"千万工程"经验、推动乡村生态共富进程中容易走偏走样，陷入简单主义、片面主义甚至急功近利的误区。具体表现为：

"小补容易，大修难。"乡村生态共富，首先需要乡村人居环境的改善。整治乡村人居环境是破解乡村问题的突破口，但往往容易"牵一发而动全身"。于是，部分乡村采取简单粗暴的工作方法，直接在局部"涂脂抹粉"，或将山头绿化，或将路边美化。这种"东一榔头，西一棒槌"的小修小补，不能从根本上整体改善乡村人居环境，也不能真正实现乡村生态共富。

"塑形容易，塑魂难。"乡村文化传承是乡村生态共富的重要内容。其中，古村落、古文化的保护是"看不见的政绩"，而引进产业、经济发展则是"看得见的政绩"且立竿见影。因此，在现实工作中，部分乡村大拆大建，建成大量"复制粘贴村"，大力开发产业，引发环境污染和生态破坏等问题。出现这种情况的主要原因还是没有根本转变不合时宜的传统发展理念，没有根本树立新时代绿色发展理念。

"授鱼容易，授渔难。"乡村生态共富的关键在人才。但是，部分乡村居民参与生态环境保护工作的积极性不高，出现了"乡村干部加油干、居民群众一旁看"的现象，如此难免会打击想做事、愿做事人的积极性。此外，大量乡村青年涌入城市工作，而留守的老妇幼群体生态保护意识明显不足，也使得乡村生态共富工作缺少人才支撑。

出现上述误区，是因为部分地区对生态文明建设的认识不到位，理念尚未革新，方法不够科学，缺乏系统思维和全局视野。因此，持续深化"千万工程"，要找准病因"对症下药"，在新征程上谱写扎实推进共同富裕的新篇章。

保持抓铁有痕、久久为功的战略定力。浙江紧盯"千万工程"目标不动摇，始终将其作为"一把手"工程，一任接着一任干，包括每年召开深化"千万工程"现场会，由省委书记亲自参加并做工作部署。如今的浙江，田园变公园、村庄变景区，创建美丽乡村示范县 70 个、特色精品村 2170 个、美丽庭院 300 多万户，全省 90%以上的村庄达到新时代美丽乡村标准——在美丽中国版图上，一幅村美、人和、共富的"之江画卷"徐徐铺展。需要指出的是，乡村生态共富是一项长期任务，无法一蹴而就，需要分阶段、分步骤循序渐进实现。各地应深刻认识到乡村生态文明建设工作的连续性、稳定性、可持续性，坚持"一张蓝图绘到底"，以钉钉子精神推动各项工作任务顺利完成。

坚持绿色发展、生态共富创新理念。乡村共富曾经过多关注物质财富的增长，高耗能、高污染、低产出的产业模式在乡村产业中占有较大比例，"绿水青山"因过度开发而"千疮百孔"。"千万工程"正是摆脱了这种"坐吃山空"的发展理念，正确处理产业发展与环境保护的关系，坚持"产业生态化、生态产业化、发展绿色化"的生态发展理念。在浙江，很多村庄通过生态修复、生态旅游、生态农业、绿色金融等多元生态工程，不断创收，让乡村"颜值"更美，农民"口袋"更鼓，切实增强群众的获得感和幸福感。新时代新征程上，仍要坚持以生态共富理念为统领，落实"双碳"战略，加大生态审计和督查，倒逼主政者始终走绿色、低碳的高质量发展道路，建设生态优美的幸福乡村。

健全生态共富的人才保障机制。浙江的"千万工程"凝聚了一大批有思想、有文化、有技术的新型人才。通过开办生态民宿、创办生态农场等方式提供创业机会和就业岗位，当地"资源变资产、村民变股东"，越来越多的"新农人"用知识和技能改变着乡村面貌，成为带动生态共富的关键力量。在新时代新征程，只有加快人才保障制度建设，加大人才扶持政策支持，才能留住原乡人、唤回归乡人、吸引新乡人，建设一支数量充足、素质优良的乡村生态文明建设专业创新人才队伍，让乡村生态共富成为更多人的新向往与新追求。

坚持系统思维，统筹推进。乡村生态系统是一个人与自然和谐共生的有机整体，必须坚持山水林田湖草沙一体化、系统化治理。"千万工程"自实施以来，特别是进入新时代后，乡村生态治理的系统性内涵不断完善。"千万工程"的参与者更加注重乡村生态发展的整体性、层次性、动态性，实现了乡村风貌整治的扎实推进、相互促进、平衡进步。在新时代新征程，仍要继续坚持生态系统治理观，打破"只窥一斑，不见全豹"的思维定式，通过建立高效合作机制提升各相关部门的协同合作力度，推动乡村生态整体改善、全面提升。

在推进"千万工程"20 年的光辉历程中，实现乡村生态共富是"千万工程"始终焕发勃勃生机的内在基因。奋进新征程，深化"千万工程"经验探索，关键要以乡村生态共富推进乡村全面振兴，努力绘就"千村引领、万村振兴、全域共富、城乡和美"的新画卷，全面实现人与自然和谐共生的现代化。

《光明日报》(2023 年 08 月 15 日 11 版)

学习运用"千万工程"经验 建设宜居宜业和美乡村

周建华　朱　强

　　"千万工程"是 2003 年习近平同志在浙江工作期间亲自谋划、亲自部署、亲自推动的一项重大工程。20 年来,"千万工程"锲而不舍深入推进、与时俱进迭代升级、内涵范围不断拓展,造就了万千美丽乡村,壮大了万千乡村产业,造福了万千农民群众,走出了一条推进乡村振兴、促进共同富裕的成功道路。

　　党的二十大报告提出,"统筹乡村基础设施和公共服务布局,建设宜居宜业和美乡村"。习近平总书记在 2022 年中央农村工作会议上强调,"建设宜居宜业和美乡村是农业强国的应有之义"。宜居宜业和美乡村建设是对乡村建设内涵和目标的进一步丰富和拓展,从建设"社会主义新农村",到建设"美丽乡村",再到建设"宜居宜业和美乡村",集中反映了我们党对乡村建设规律认识的不断深化。

"千万工程"实施 20 年来取得的突出成就和提炼的宝贵经验，为建设宜居宜业和美乡村提供了实践载体和参照样本，建设宜居宜业和美乡村也是"千万工程"深化发展的重要目标。习近平总书记多次对学习运用"千万工程"经验作出重要指示，从战略和全局高度明确了学习运用的原则要求、目标任务、方法路径和着力重点，这为推进宜居宜业和美乡村建设提供了根本遵循。

学习运用"千万工程"经验，切实促进农村产业发展。促进农业生产是解放和发展生产力、实现农民富裕的重要前提和基础。"千万工程"秉持村庄整治与经济发展相融合的原则，以乡村人居环境整治为切入点，整合生态治理、产业开发等多元目标，致力于探索休闲农业、文化创新、户外旅游等农业农村现代化产业发展模式，优化乡村产业发展空间，不断提升农业发展质量，以市场发展为导向，把传统农业改造成为有市场竞争力、能带动农民致富、可持续发展的高效生态农业，并在此基础上探索出品牌强农之路。这些实践做法为宜居宜业和美乡村建设提供了新的思路。学习运用"千万工程"经验，建设宜居宜业和美乡村也应积极推进乡村产业振兴，依靠产业发展不断增强内生发展动力，挖掘乡村发展潜力；通过加快农业供给侧结构性改革，优化农业产业结构，提高乡村产业质量效益和竞争力；扎实推进农村一、二、三产业交叉融合发展，实现以农业为基础的产业联动，助力农业高质量发展。

学习运用"千万工程"经验，进一步改善农村生活条件。宜居宜业和美乡村建设要求始终坚持以人民为中心的发展思想，不断满足农民对于乡村生活条件和居住环境的更高期望和要求，其中包括更为现代化的生活条件、更为优美的生态环境以及更加富有特色的乡村风貌等。"千万工程"聚焦改善乡村人居环境，改观农村环境面貌，打出农村环境"五整治一提高"工程、"五水共治"和"四边三化"等组合拳，实施生态修复，建设"无废村庄""低碳村庄"，从源头上彻底消除污染。学习运用"千万工程"经验，在建设宜居宜业和美乡村的进程中，必须紧扣农民需要提供优质公共服务。以县域为基本单元，进一步推进水、路、电、气、网等城乡基础设施一体化，实现基础设施串城连乡、安全承载。提高公共服务便利度，在加强规范村级医疗机构、完善优化教育资源、健全农村养老体系的基础上，充分利用数字化、智能化手段拓宽医疗教育服务范围，织密公共服务保障网络。在保护自然资源和历史文化遗存的同时，注重对地域特色和民俗风情的尊重，充分考虑农村居民的居住需求，不断提升农村人居环境质量。

学习运用"千万工程"经验，坚持加强乡村精神文明建设。宜居宜业和美乡村建设追求人与自然、人与人、人与社会之间的和谐共生，强调农村物质文明与精神文明的协调发展，致力于塑造乡风文明之美、人居环境之优、文化生活之丰富的乡村景象，打造乡风淳朴、邻里和睦的美丽家园。"千万工程"注重推动农村物质文明和精神文明协调发展，始终将改造农村人居环境与提升农民精神风貌、树立乡村文明新风有机结合，始终将文明村、文化村、民主法治村创建工作与乡村振兴紧密结合，有效实现了"两个文明"的内在统一。学习运用"千万工程"经验，宜居宜业和美乡村建设既应注重追求实现物质富足,更要注重追求实现精神富有。一方面,深化乡风文明建设。深入挖掘乡规民约、家风家教、民俗活动等蕴含的中华优秀传统文化精髓,创新发展乡村文化元素和文化活动,实现乡村公共文化服务体系全面提升和整体完善。另一方面,培育和推广具有地域特色的乡村文化品牌,推动乡村旅游、农事体验等乡村文化产业的发展,促进乡村振兴。

学习运用"千万工程"经验,加快完善乡村治理体系。习近平总书记强调,"要完善党组织领导的自治、法治、德治相结合的乡村治理体系,让农村既充满活力又稳定有序"。"千万工程"坚持自治、法治、德治的"三治融合",实现了乡村的有效治理。学习运用"千万工程"经验,不断完善乡村治理体系,建设宜居宜业和美乡村,一是深化村民自治,以自治消化内在矛盾,并充分调动党员群众和社会组织参与乡村治理的活力;二是强化法治保障,以法律手段规范日常行为,引导干部群众形成自觉守法、遇事找法、解决问题靠法的乡村法治环境;三是激发德治活力,发挥村规民约等非正式制度对村民行为的规范作用,鼓励群众自愿参与公共事务。在这一过程中,必须落实"一把手"责任制,形成"五级书记"共抓共管推进机制,建立健全党委领导、政府负责、民主协商、社会协同、公众参与、法治保障、科技支撑的现代乡村社会治理体制,以群众需求为导向,使广大民众既是受益者,也是参与者、推动者。

《光明日报》(2023 年 12 月 14 日 06 版)

推动农业农村现代化取得实实在在成效

侯　顺　　陈明辉

近日发布的 2024 年中央一号文件提出，"要学习运用'千万工程'蕴含的发展理念、工作方法和推进机制，把推进乡村全面振兴作为新时代新征程'三农'工作的总抓手""集中力量抓好办成一批群众可感可及的实事"，这为我们推动新时代乡村全面振兴提供了行动指引。

"千万工程"是习近平同志在浙江工作时亲自谋划、亲自部署、亲自推动的一项重大决策，从农村环境整治入手，由点及面、迭代升级，20 年持续努力，造就了万千美丽乡村，造福了万千农民群众。农村人居环境深刻重塑，城乡融合发展深入推进，乡村产业蓬勃发展，乡村治理效能有效提升，农民精神风貌持续改善，"千万工程"

创造了农业农村现代化的成功经验和实践范例。

"千万工程"以小切口谋大民生，其核心是聚焦农民的"急难愁盼"问题，因地制宜、分类施策，循序渐进、久久为功，集中力量抓好办成一批群众可感可及的实事，让广大农民在乡村振兴中收获实实在在的获得感。"千万工程"立足浙江实际，走出了一条农业强、农村美、农民富的乡村发展道路，为全国市县乡村发展提供了可借鉴可学习的有益经验，为有力有效推进乡村全面振兴、加快农业农村现代化提供了科学路径、实践样本。

学习运用"千万工程"经验，要求我们坚持人民主体地位，尊重群众首创精神，瞄准农村群众迫切需要解决的难题，听民意、集民智、议民事、解民忧。近年来，一些地方通过"议事亭""百姓议事会""乡贤参事会""道德评议团""百事服务团"等多元化机制，拓展乡村治理参与渠道，激活乡村发展建设内生动力，变"要我建设"为"我要建设"。如上海闵行区浦江镇从搭建民主协商议事平台着手，细化"村网格—队组网格—农户"三级农村网格划分，组织农民群众广泛参与村级公共事务。让议事"小平台"凝聚乡村"大合力"，引导农民群众积极参与家园建设，为推动乡村全面振兴奠定最坚实的民意基础。

让农民群众享受碧水蓝天的生态福祉。良好生态环境是农村最大优势和宝贵财富，以绿色发展引领乡村振兴是一场深刻革命。"千万工程"是"绿水青山就是金山银山"理念的鲜活实践。新时代新征程上，学习运用"千万工程"经验，要求我们始终把生态文明建设放在突出位置，让农民群众望得见山、看得见水、记得住乡愁。

四川绵阳市游仙区铁炉村持续推进环境整治、公路改造等工程，在保留小青瓦、土墙等传统元素的基础上，将闲置宅基地和土房改建成"百年土屋"民宿群，村中心铁炉书院设有乡学堂、民俗体验室、茶道室等文化体验区，向游客讲述村子里的故事和故事里的村子。在人与自然和谐共生中，乡村多种功能、多元价值得到深入发掘，为实现生态优先、节约集约、绿色低碳的高质量发展不断蓄积力量。

培育壮大乡村特色富民产业。"千万工程"因地制宜设定乡村发展目标任务，用"一村一策""一村一品""一村一韵"避免了"千村一面"。新时代新征程上，学习运用"千万工程"经验，要求我们量枘制凿，从地方发展水平、财政承受能力、农民意愿等实际出发，打造各具特色的万千乡村。山西清徐县马峪乡西梁泉村有近百年的葡萄栽种历史，全村 90% 以上的农户从事葡萄种植，葡萄品种多达 160 余种。清徐县立足资源优势，以葡萄产业带动西梁泉村及周边 21 个葡果村建起集种植、采摘、观光、销售为一体的特色农业产业，带动 28 个村级组织发展和数万人就业，"种"出农民群众香甜新生活。实践证明，只有立足实际科学谋划，才能成功打造乡村特色产业，提升乡村的吸引力和竞争力。

增强工作的系统性、整体性和协同性。"千万工程"采取"全面整治"与"示范建设"相结合，精准施策，推动浙江成为全国农业现代化进程最快、乡村经济最活、乡村环境最美、农民生活最优、城乡区域最协调的省份之一。新时代新征程上，学习运用"千万工程"经验，要求我们强化系统观念，坚持美村与富村并进、塑形和铸魂并重，既提升乡村"颜值"、又提升乡村"内涵"。山东枣庄市市中区以系统思维打破行政壁垒,在村巡察中建立"巡察吹哨、部门报到、纪检监督"模式,实行巡察组制单、巡察办派单、区直部门接单、纪委监委对单、区领导督单"五单联办",及时破解多个群众反映强烈、长期没有解决的问题,实现监督、整改、治理有机贯通。加强乡村振兴的统筹协调,形成多方联动的工作格局,必将更好汇聚乡村振兴强大合力。

"千万工程"实施20多年来,推动农民农村共同富裕取得实质性进展,总结应用好其成功经验具有重要意义。各地当立足各自实际情况,学习运用"千万工程"成功经验,以更有力的举措、更有效的行动推动农业农村现代化取得实实在在成效,让农民腰包越来越鼓、日子越过越红火。

《光明日报》(2024年02月08日02版)

"千万工程" 助力乡村振兴

黄祖辉

　　"千村示范、万村整治"工程是习近平同志在浙江工作时亲自谋划、亲自部署、亲自推动的一项重大决策。2003 年 6 月，在习近平同志的倡导和主持下，浙江启动"千万工程"，从全省选择 1 万个左右的行政村进行全面整治，把其中 1000 个左右的中心村建成全面小康示范村。20 年来，"千万工程"以村庄的环境整治与人居环境改善为切入口，在实践中不断深化，实现了多方位的迭代升级，不仅造就了浙江万千美丽乡村，而且造福了万千农民群众，在助力乡村振兴和共同富裕等方面，贡献巨大，意义深远。

　　党的十八大以来，以习近平同志为核心的党中央高度重视乡村振兴。党的十九大报告提出"实施乡村振兴战略"，强调"要坚持农业农村优先发展，按照产业兴旺、生态宜居、乡风文明、治理有效、生活富裕的总要求，建立健全城乡融合发展体制机制和政策体系，加快推进农业农村现代化"。党的二十大报告对"全面推进乡村振兴"作出一系列重要部署，强调"加快建设农业强国，扎实推动乡村产业、人才、文化、生态、组织振兴"。从实践看，浙江"千万工程"的实施与深化，具有多方位的关联效应，对全面推进乡村振兴的效应尤为显著。

对产业兴旺的带动效应

产业振兴是乡村振兴的重中之重。改革开放以来，通过农业经营制度和农村产权制度的改革，调动了广大农民的积极性，我国乡村产业得到了快速发展。"千万工程"的实施与深化，为乡村产业的发展提供了更多机遇。"千万工程"促使乡村的人居环境和公共服务不断改善，为乡村资源生态优势和人文生态优势转化为经济发展优势创造了重要条件，带动了乡村产业的发展和兴旺。浙江许多乡村拥有优良的自然生态和丰富的人文生态，在实施"千万工程"过程中，通过科学规划村庄发展，盘活集体资源资产，引入社会资本和市场机制，通盘考虑村庄建设与产业经营，将生态资源与市场需求相结合，大力发展新型农村集体经济，推动产业融合、产村融合、城乡融合，建设美丽乡村，既因地制宜地加快乡村产业高质量发展，又增强了村集体经济的发展能力和实力。

对生态宜居的引领效应

生态宜居是乡村振兴的内在要求。"千万工程"对乡村生态宜居的引领效应，不仅体现在自然生态环境上，而且也体现在人居设施环境和公共服务体系的有效配套上。20 年来，"千万工程"为浙江乡村带来的最直接、最明显的变化是人居设施环境的改善。目前，道路与通信网络覆盖全省村庄，"污水横流"现象不复存在，垃圾分类集中处理基本普及，厕所革命补齐影响群众生活品质短板，全省村容村貌大多实现绿化美化净化。"千万工程"的实施与深化，还从乡村公共服务方面提高了生态宜居水平。20 年来，浙江不少村庄的公共服务由过去的服务面窄、效率低转变为服务面拓宽、效率提高。目前，数字技术赋能乡村公共服务取得了显著成效。通过乡村数字化互联网平台的打造和相关制度的建构，不少乡村建立了共享公共服务的医共体、教共体、文体中心、养老中心等，大大提高了乡村公共服务设施的利用效率、共享水平和服务能力。

对乡风文明的联动效应

乡风文明是乡村振兴的重要标志。物质富足、精神富有是社会主义现代化的根本要求。"千万工程"改变农村人居生活环境，不仅包含满足物质生活的设施和环境，而且也包含丰富精神生活的设施和环境，如乡村文化礼堂和网络平台的建设等。"千万工程"的实施对乡风文明具有联动效应。一方面，通过弘扬主旋律、传承优秀传统文化，广大村民的向心力、凝聚力和积极性得到了明显增强。另一方面，"千万工程"对乡村文化设施的建设与普及，为广大村民的文化活动提供了便捷的空间场所和网络载体，不仅大大繁荣了乡村文化活动，丰富了村民的精神文化生活，而且也使乡村丰富的历史文化资源，如红色文化、农耕文化、民俗文化等，得到了场景化的展示，彰显了在乡村深植文化根脉、促进文化互鉴等方面的重要意义和价值。

对治理有效的提升效应

治理有效是乡村振兴的重要保障。我国乡村治理的基本单元是村庄。目前，很多村庄正在朝着治理有效的善治乡村提档升级。"千万工程"的实施与深化，促进了乡村各类公共事务的发展和城乡要素的流动，也对提高乡村治理水平和能力提出了新要求。在实践中，许多乡村有效运用多类型的治理手段，对村集体、村社区进行有效治理，成功探索与实践了许多具有创新性的乡村治理方式。坚持自治、法治、德治相结合，充分调动村民参与公共事务的积极性；充分运用数字技术，使治理更具精准性；引入市场机制，既降低治理成本，又激活相关主体的内生动力；等等。通过一系列举措，实现了乡村治理水平和能力的不断提升。

对生活富裕的推进效应

乡村振兴，生活富裕是根本。富裕不仅体现在收入上，而且也体现在教育、医疗、文化、人居环境、基础设施等方面。"千万工程"推动了乡村产业和村集体经济的发展，不仅明显提高了村集体经济的收入，而且还为农村居民提供了多种类型就地就近就业与增收的机会。"千万工程"对促进生活富裕的推进效应，还体现在从根本上改变了乡村的基础设施和人居环境，同时也显著改善了乡村的公共服务，进而大大缩小了城乡在这些方面的差距。更重要的是，通过实施"千万工程"实现乡村公共服务体系和人居环境的改善，对于每个村集体及其村民均具有共建性、普惠性和共享性的特点，这恰恰是推动共同富裕所追求的目标。

面向新征程，"千万工程"仍在不断深化。浙江正在以"千万工程"为牵引，加快建设宜居宜业和美乡村，全方位推动乡村产业、人才、文化、生态、组织振兴，进一步探索全面推进乡村振兴、实现农业农村现代化的实践新路径。

《经济日报》（2023 年 06 月 15 日 10 版）

"千万工程"蕴含乡村发展逻辑

宋月红

"千村示范、万村整治"工程是习近平同志在浙江工作时亲自谋划、亲自部署、亲自推动的一项重大决策。"千万工程"实施20年来，从"千村示范、万村整治"引领进步，推动乡村更加整洁有序，到"千村精品、万村美丽"深化提升，推动乡村更加美丽宜居，再到"千村未来、万村共富"迭代升级，推动乡村实现共富共美，"千万工程"的内涵不断深化、外延不断扩展、成果不断放大，造就了万千美丽乡村，造福了万千农民群众，创造了农业农村现代化的成功经验和实践范例，其中蕴含着深刻的乡村发展逻辑。

一是坚持因地制宜。"千万工程"坚持从实际出发，立足于认识和把握乡村发展实际，区分发达地区和欠发达地区、城郊村庄和传统农区，结合地方发展水平、财政承受能力、农民接受程度推进工作。同时，充分把握乡村建设优势，既着眼于现实的和潜在的，又考虑到整体的和局部的，推动协调发展、扬长补短。我们推动乡村发展、全面推进乡村振兴，要注重坚持因地制宜、分类指导，制订针对性解决方案和阶段性工作任务，实现改善农村人居环境同地方经济发展水平相适应、相协调。

二是坚持统筹推进。系统观念是具有基础性的思想和工作方法。乡村建设不能头痛医头、脚痛医脚，也不能"眉毛胡子一把抓"，必须系统谋划、系统治理。"千万工程"涉及城市与乡村、硬件与软件、技术与设施、观念与机制等多方面，一方面在整体设计、统筹推进上发力，另一方面根据各地自然禀赋、社会经济条件、风俗文化等制订方案，推动建成万千各具特色、各美其美的宜居乡村。我们推动乡村发展、全面推进乡村振兴，要统筹部署、协同推进、抓住重点，有效提升乡村建设效能。

三是坚持绿色发展。浙江是习近平生态文明思想的重要萌发地、"绿水青山就是金山银山"科学论断发源地。"千万工程"围绕乡村环境领域存在的主要短板和薄弱环节，把人居环境整治同生态环境建设紧密结合起来，探索出通过绿色转型发展实现农业强、农民富、农村美的有效路径。我们推动乡村发展、全面推进乡村振兴，要把新发展理念贯穿于改善农村人居环境的各阶段各环节全过程，在促进人与自然和谐共生中挖掘乡村多种功能、多元价值，培育新产业新业态新模式，提升可持续发展的内生动力。

把乡村振兴战略这篇大文章做好，必须走城乡融合发展之路。当前，我国发展不平衡不充分问题仍然突出，城乡区域发展和收入分配差距较大。"千万工程"是全面推进乡村振兴、建设美丽中国的实践源头，成效显著、影响深远。更好地认识和把握其中蕴含的乡村发展逻辑，有利于推动"三农"领域完整、准确、全面贯彻新发展理念，有利于加快形成新型工农城乡关系，有利于循序渐进建设宜居宜业和美乡村，不断实现农民群众对美好生活的向往。

《经济日报》(2023 年 07 月 13 日 10 版)

以"千万工程"经验为指引推动乡村全面振兴

金文成

　　20 年来，浙江深入实施"千村示范、万村整治"工程，以村庄整治和建设为突破口，逐步打破城乡分割的传统体制，推进城市基础设施向农村延伸、城市社会服务事业向农村覆盖，城市文明向农村辐射，形成城市与农村相互促进、农业和工业整体联动的发展格局，成为推动中国式现代化在"三农"领域的成功实践和典型样板。近日，中央财经委员会办公室、中央农村工作领导小组办公室、农业农村部、国家发展和改革委员会联合印发《关于有力有序有效推广浙江"千万工程"经验的指导意见》，提出结合实际创造性推广"千万工程"经验。把"千万工程"经验做法创造性转化到"三农"工作实践中，推动农业农村现代化取得实实在在的成效，要着力在以下方面下功夫。

一要优环境。学习借鉴"千万工程"经验，要从农民群众看得见摸得着的最急迫最现实的人居环境改善入手，深化提升农村生活垃圾、污水、厕所治理成果，促进环境提质。抓好农村户厕问题摸排整改，加强厕所改造技术指导服务，加快研发示范寒旱地区改厕产品。推动农村生活污水处理与卫生厕所改造、供水体系建设相衔接，着力治理乡镇政府驻地、中心村等重点村庄污水，进一步加强农村生活垃圾收运处置体系建设。鼓励设计下乡，引导规划、建筑、园林、艺术设计、文化策划等方面的设计师、优秀团队下乡，发挥好乡村能工巧匠的作用，把乡村规划设计水平提升上去，促进乡村风貌提优。同时，广泛听取农民意见建议，充分尊重农民想法和主张，使设计出来的产品切合乡村生产生活实际需要，体现乡土风貌和人文特色。

二要抓基础。学习借鉴"千万工程"经验，要狠抓"硬件"建设，要拿出真金白银投入，推进县城基础设施向乡村覆盖，加快城乡融合提速。推动市政供水供气供热管网向城郊乡村及规模较大镇延伸，推进县乡村（户）道路连通、城乡客运一体化，建设以城带乡的污水垃圾收集处理系统，建立城乡统一的基础设施管护运营机制。加快完善便捷高效、普惠公平的农村公路网络，推进农村道路建设更多向进村入户倾斜。持续完善农村物流体系，深入推进农村客货邮融合发展，加快推进冷链物流高质量发展，强化农村供水保障，着力提升数字乡村建设水平。

三要强服务。学习借鉴"千万工程"经验，要锚定让广大农民群众逐步过上现代生活的目标，推进基本公共服务均等化。完善以居家为基础、社区为依托、机构为补充的医养结合农村养老服务体系，鼓励在有条件的村庄开展日间照料、老年食堂等服务，因地制宜建设乡镇区域养老服务中心，在解决农村养老问题上取得实质性进展。因地制宜合理配置乡村两级医疗卫生资源，推进紧密型县域医共体建设，让农民就近享受更多优质医疗服务。培养壮大乡村医生队伍，分类解决乡村医生养老和医疗保障问题。发展城乡教育联合体，逐步缩小城乡师资差距，补齐农村教育数字化短板。

四要兴产业。学习借鉴"千万工程"经验，最关键的是要扭住产业发展这个牛鼻子，大力发展乡村产业和新型农村集体经济，壮大县域富民产业，促进产业提效。要做好"土特产"文章，充分挖掘农业农村特色资源，开发农业多种功能，挖掘乡村多元价值，因地制宜，突出特色，以优美的生态环境、便捷的营商环境、成熟的政策环境，吸引人才、技术、资本、管理等现代要素有序流向农村，培育"美丽乡村+"农业、旅游、文化、体育、康养等新业态，延长产业链、打造供应链、提升价值链，实现美丽生态、美丽经济、美好生活协同共进。

五要低碳化。学习借鉴"千万工程"经验，要筑牢农业农村可持续发展的底色，全面贯彻"绿水青山就是金山银山"的发展理念，把推进农业绿色发展作为农业发展观的深刻革命。要将绿色发展理念贯穿农业生产经营、加工流通、市场消费等全过程，加快转变农业发展模式。加强农业面源污染防治，持续推进化肥农药减量增效，积极推进农业废弃物循环利用，支持发展种养有机结合的绿色循环农业，持续开展畜禽粪污资源化利用，加强农业资源环境保护。

六要促治理。学习借鉴"千万工程"经验，要坚持塑形与铸魂并重，在抓好物质文明建设的同时，统筹推进农村精神文明建设和乡村治理。深入开展农村精神文明创建活动，弘扬和践行社会主义核心价值观，增加更多富有农耕农趣农味、体现和美的乡村文化产品和文体活动。深入推进移风易俗，持续整治高价彩礼、厚葬薄养、非法宗教、赌博等突出问题，完善推广积分制、清单制、数字化、网格化、接诉即办等务实管用的治理方式，打造善治乡村、法治乡村、文明乡村。

学习借鉴"千万工程"要结合实际、因地制宜、坚守底线，确保不跑偏、不走样、不落空。一要守住粮食安全这条底线。粮食安全是国家安全的底板，保障国家粮食安全是一个永恒课题。要坚持统筹发展和安全，提高粮食综合生产能力，全方位夯实国家粮食安全根基。二要切实保护农民利益。全面推进乡村振兴，必须坚持为农民而兴、为农民而建的原则，尊重农民意愿和主体地位，把选择权交给农民，由农民选择而不是代替农民选择，坚决防止在推进资本下乡、征地拆迁、农村改革中侵害农民利益。三要保持历史耐心和时代紧迫感。要把握好工作的时度效，有多少能力办多少事，避免做超越发展阶段的事，切忌贪大求快、刮风搞运动，防止搞大融资、大拆建、大开发，真正把好事办好、实事办实。

《经济日报》（2023 年 07 月 14 日 03 版）

从"千万工程"经验中汲取行稳致远的智慧力量

杜志雄

　　"千万工程"是实施乡村振兴战略的先导，是中国式现代化道路在浙江省域、"三农"领域的成功实践和典型样板，对全国各地全面推进乡村振兴具有重要示范意义。学习推广"千万工程"经验，是学习贯彻习近平总书记关于"三农"工作重要论述和重要指示精神的必然要求。

　　近日，中央财经委员会办公室、中央农村工作领导小组办公室、农业农村部、国家发展和改革委员会联合印发《关于有力有序有效推广浙江"千万工程"经验的指导意见》，强调确保推广"千万工程"经验沿着正确轨道行稳致远，坚决反对形式主义、官僚主义，明确要求及时纠治工作偏差和苗头性倾向性问题，确保推广"千万工程"经验不跑偏、不走样、不落空。各地学习借鉴"千万工程",务必坚持守正创新、行稳致远,做到实事求是、求真务实,出实招、显实效,努力开拓全面推进乡村振兴新局面,为开辟中国式现代化道路作出新贡献。

学习借鉴"千万工程"经验,要看到浙江的"真金白银"投入,更要看到从实际出发行稳致远的智慧。20年的"千万工程"实践探索,提供了一张路径选择清晰、工作重点明确的乡村振兴施工图,背后是在精准把握乡村振兴规律基础上,推进乡村振兴的方法论。一是坚持党的领导,统筹谋划,发挥制度优势,保障"千万工程"有效实施。二是坚持接续发力,"一张蓝图绘到底",推动"千万工程"不断走实走深。三是坚持因地制宜、共同富裕,以县域为单元,做好"土特产"文章,走出符合自身特点的乡村特色产业发展繁荣之路。四是坚持问题导向,整合资源,创新突破,不断增强内生发展动力。

把"千万工程"经验转化成全面推进乡村振兴的强劲动能,需要创新性转化和吸收"千万工程"的方法论,并内化为与各地发展实际相结合的乡村振兴"真招实招",形成既有工作内容接续性、连贯性又有工作标准渐进提升和迭代的乡村振兴推进机制。

遵守发展规律,循序渐进、稳扎稳打推进乡村振兴。习近平总书记强调,"建设农业强国是一项长期而艰巨的历史任务,要分阶段扎实稳步推进,以钉钉子精神锲而不舍干下去"。一以贯之推进重点任务落实是"千万工程"的重要经验。《指导意见》明确提出"坚持尽力而为、量力而行,不超越发展阶段",学习"千万工程",要保持战略定力,锻造久久为功的韧劲,制定分阶段、分步骤的路线图和施工图,保持工作连续性,一以贯之推进乡村振兴。要充分考虑财力可持续和农民可接受，把握好整治力度、建设深度、推进速度，不开空头支票，不吊高农民胃口，不搞超前建设、铺张浪费，不盲目举债、堆砌"盆景"。

坚持求真务实，因地制宜、注重实效推进乡村振兴。习近平总书记强调，"各地要立足资源禀赋和发展阶段，发挥自身优势，服务大局需要，作出应有贡献，从本地农业农村发展最迫切、农民反映最强烈的实际问题入手，充分调动农民群众的积极性、主动性、创造性，办一项是一项、办一件成一件，不要一股脑去搞脱离实际的'高大上'或面子工程的东西"。一切从实际出发、差异化推动乡村建设是"千万工程"的重要经验。农村区域差异大、发展不平衡，应立足本地自然条件、经济水平和资源优势，统筹规划、分类施策、明确重点、与时俱进推进，打造富有地域特色的农村现代化"图景"。要树立正确的政绩观，从实际出发想问题、作决策、办事情，瞄准"农村基本具备现代生活条件"的目标，谋划全面推进乡村振兴，让农民就地过上现代文明生活。要以各类村庄差异化发展、居民生活质量提升为指向，研判村庄布局、谋划建设内容，集中力量抓好普惠性、基础性、兜底性民生建设，优先建设既方便生活又促进生产的项目。要坚持数量服从质量、进度服从实效，标准可以有高有低，但不能缺门漏项。要防止"有村无民"的盲目建设，减少虚头巴脑、形式主义的考核督导，禁止脱离实际的"样板工程"，确保"真金白银"的投入能够经得起历史和群众检验。要把握好"点"和"面"的关系，发挥"重点村""示范村"的引领作用；也要防止政策资源和资金投入只聚集到个别村，忽视了面上推进，人为拉大村庄差距、加剧村庄分化。

尊重农民意愿，广泛动员、集聚合力推进乡村振兴。习近平总书记强调，"乡村建设是为农民而建，要健全自下而上、农民参与的实施机制，多听群众意见，照顾农民感受"。坚持农民需要、农民主体、农民决策、农民参与、农民受益是"千万工程"具有旺盛持久生命力的重要经验。当前，不少地方存在乡村振兴"政府干、农民看"的现象，很大程度上就是没有充分调动起各方面积极性，没有建立起自下而上、农民参与的乡村振兴实施机制。要始终把群众所思所盼作为工作的出发点和落脚点，把"政府想做的"和"农民想做的"结合起来，厘清政府、市场、集体、农民的关系，找到各方力量在乡村振兴中的最优组合、最佳配置，形成推进乡村振兴的强大合力。其中，关键是真正让农民成为乡村振兴的利益主体、决策主体、建设主体、受益主体，激发农民参与乡村振兴的内生动力，这是乡村振兴有活力、可持续的根本。要自觉站稳人民立场，突出农民主体，坚持农民视角，把农民意愿、农村参与作为健全完善乡村振兴实施机制的重点。要尊重农民主体地位和首创精神，应该由农民自主干的不越位、不包揽、不干预，避免强迫命令、强行动员、强力干扰。要充分保障农民的知情权、参与权、决策权、监督权，避免代替农民选择，把为农民而建真正落到推进乡村振兴的各个环节，让农民成为乡村振兴的参与者和受益者，持续增强农民在乡村振兴中的获得感、幸福感、安全感。

《经济日报》（2023 年 07 月 16 日 03 版）

初心如磐

——"千万工程"二十年记（上）

何兰生　江　娜　施维　孟德才　朱海洋

西北风掠过黄土高原，所过之处卷起漫天黄尘。那是上世纪七十年代的陕北梁家河，农民祖祖辈辈过着一身尘土、满目苍凉的生活。

燠热的盛夏，院子里阵阵臭气格外浓烈，挥之不去。那是上世纪八十年代的河北正定，家家户户的茅坑连着猪圈，"连茅圈"是华北农村传统的居住格局。

通往山乡只有一条路，要一边走一边砍树杈、劈野草。那是上世纪八十年代的福建宁德，进一趟下党村，下了车还要步行爬山两个多小时。

炸山开矿的灰粉长年笼罩着村庄，"山是秃头光，水成酱油汤。"

那是本世纪初的浙江余村，卖矿石制水泥让余村成为"首富村"，然而家园也变成了瓦砾场。

中国农民虽然一辈子与泥土打交道，但他们不应该灰头土脸地过生活、不应该在垃圾堆旁讨营生，他们有权利过上干净和乐的美好生活！

而这，正是中国共产党人坚如磐石的初心。共产党打江山、守江山，守的是人民的心，为的是让人民过上好日子。让江山壮丽多姿，让亿万农民有一个美好家园，就是共产党人初心的最生动的写照。

这也是一代共产党人对下一代共产党人的嘱托。绾着裤腿，翻山越岭到农民中间去，为农民谋一个美好生活，就是"江山就是人民，人民就是江山"的最深情的传承。

让农民过上美好的生活，成为一个时代的呐喊，成为一个初心如磐的共产党人，从青葱少年一路走来不息的梦想和求索。从京华的繁盛到西北的荒凉，从滹沱河畔到宁德山乡，从鼓浪涛声到钱塘潮涌，这位跨越大半个中国、深知农民疾苦的未来领路人，步履丈量着、心中勾画着未来乡村的图景。历史的脉络与时间的年轮，正在浓缩预演着一个大时代的轮廓。

在人民领袖习近平的领航掌舵下，古老的乡村大地开启了一段重整山河的振兴之旅，书写着一部壮阔奔流的恢弘史诗。

———

二十年后我们回过头去看，难，当然是千难万难，但对当时的省委书记、现在的人民领袖习近平来说，心中始终只有四个字：人民至上。当"人民至上"的基因刻在骨子里、融入血液中，那么无需选择就是最好的选择，千难万难都不再难。

这个时代的农民应该过上一种什么样的生活？理想中的乡村又是什么样子？也许，最神奇的预言家也难以想象，2002年冬月的一天，历史将在梅林村埋下伏笔。

走进梅林村，这个位于杭州萧山区的村庄，一栋栋暖色调的小楼整齐有致，透着江南繁华之地多年积淀的富庶舒展之象。

村民魏来法的家就在其中。小楼外表十分气派，不过走进去却让人有些意外。客厅里的实木包墙、真皮沙发、各色摆设，看上去还是二十年前的装修风格。魏来法告诉我们：的确，客厅一直保持着2002年12月15日的原貌，连钟表都没换过。

就是这一天，时任浙江省委书记的习近平同志来到了魏来法家中，和他亲切地拉起了家常。

也就是在梅林村，看到村庄整洁，规划有序，百姓安居乐业，习近平同志很高兴，提出要"建设一批在全省乃至全国都叫得响的小康示范村镇"。

半年后的2003年6月5日，在习近平同志亲自谋划、亲自部署、亲自推动下，一项名为"千村示范、万村整治"的工程拉开历史的大幕，真实改写着之江大地上几万个村庄的命运，也深刻影响着中国几十万个村庄的未来。

而在那之前，他一直在寻找答案。

2002年赴浙江伊始，习近平同志就开始密集调研，短短118天里，跑了 11 个市和 25 个县。很多时候，都是扒几口饭，就连夜赶往新的考察点。

但是一路走一路看，却越看心头越沉重。时任浙江省农办副主任的顾益康回忆说，一次他陪同调研一个比较好的村，习近平同志问，这样的村多不多？顾益康如实告知，不多。大约 4000 个村庄环境较好，剩余的两三万个村庄环境普遍较差。

差到什么程度？

当时的浦江县以水晶制品闻名，浦江的河流有黑有白，就是没有清水河。黑水河里是又黑又臭的污水，乳白色"牛奶河"里流淌着水晶加工废水、废渣。

海盐县曾是生猪大县，吃肉、致富问题解决了，粪污问题却是老大难，境内河道众多，却污染遍布，不少村子"奔驰宝马狂奔在猪粪堆里"。

"起早贪黑赚钞票，垃圾堆里数钞票，躺在医院花钞票。"这就是当时浙江很多地方农民的写照。

这样的场景，深深刺痛着这位新任省委书记的心。

——不尽快改变农村普遍存在的"脏、乱、散、差"的状况，城市发展得越快、搞得越漂亮，城乡的反差就越大。

——这是事关增进农民群众物质利益、政治利益和文化利益的一项民心工程。

在"千万工程"启动会上，习近平同志提出，五年内要将浙江全省近 4 万个村庄中的 1 万个进行全面整治，其中 1000 个中心村建设成全面小康示范村。

二十年日月其迈，在魏来法的客厅里，时光就像凝固了一般，二十年不曾改变；而之江大地上的几万个村庄却"有如神助"，演绎着脱胎换骨、万马奔腾的村庄跃迁史。

2023年4月15日，温州永嘉县涌进成千上万的年轻人，东晋诗人谢灵运曾泛舟其上的楠溪江，一改往日宁静，一场开在田园山水中的音乐节"引爆"了楠溪江的夜晚。每年"四大音乐节"期间，楠溪江周边民宿一房难求。

镬炉村曾经是江畔一个普通得不能再普通的村庄，而如今，雪白的咖啡馆立在翠绿的麦田旁，围炉煮茶的台子架在小菜园边，新出炉麦饼的焦香弥漫在空气中，多的时候一天能卖出500个。

"高颜值"吸引着如织的游人，反过来又提振着村里人的精气神。沙岗粉干是当地特色，57岁的黄银平已经做了二十多年。客人越喜欢，她就越高兴、越有劲头。说起不久前参加小吃比赛，更是掩饰不住地自豪："隔壁家煮粉干加了各种佐料，我就这样原味煮，还是我家人多。"

理想中的乡村，有镬炉村的样子，也有绍兴柯桥区棠棣村的样子。棠棣村被誉为"千年兰乡"，兰花"共富工坊"门前挂着一副楹联："三径香风飘玉蕙，一庭明月照芝兰。"棠棣以兰为业，也以兰为品。村里家家户户门口挂着家风家训，村里每年评选表彰榜样，让好儿女、好公婆、好媳妇、好邻居走上领奖台。

也一定有嘉兴嘉善县缪家村的样子。村里的数字终端大屏里，从村民健康到村里治安，各种数据实时更新显示，被称为"数字乡村大脑"。

在这里，江南的春和景明得以再现，乡野田间的文明自觉被唤醒，更因互联网、大数据等现代要素的加持，乡村从外在风貌到内在肌理，都焕发出从未有过的风华。

"千万工程"到了今天，其本身令人叹服的成就、独一无二的叠加意义、神奇裂变的乘数效应，都早已得到公认，但在最初，一些人还抱有疑虑。

为什么？一个省的工作千头万绪，为什么要花这么大精力搞"千万工程"？

二十年后我们回过头去看，难，当然是千难万难，但对当时的省委书记、现在的人民领袖习近平来说，心中始终只有四个字：人民至上。当"人民至上"的基因刻在骨子里、融入血液中，那么无需选择就是最好的选择，千难万难都不再难。

党的二十大报告将"人民至上"写在习近平新时代中国特色社会主义思想世界观和方法论的第一条，这正是习近平总书记领袖人格的高度凝炼，也是习近平总书记创新理论的真理价值、哲学意蕴的具象表达。

在梁家河带领社员办沼气、建铁业社，为了让村民吃上饱饭、吃上肉；在宁德则重点强调摆脱贫困，让农民富起来；而到了世纪初人均 GDP 接近 3000 美元的浙江，就是要把良好的生态环境作为最公平的公共产品、最普惠的民生福祉，从解决农民反映最强烈的环境"脏乱差"问题着手，搞"千万工程"。

——看似工作重心不同，但变，是为了不变，其核心始终是以人民为中心。人民最知道自己要什么，超前不行、滞后也不行，只有紧紧围绕人民群众在不同阶段的不同需求，才能始终走在历史正确的方向上。

一切为民者，则民向往之。那些"人民至上"的人、为人民担当的人，必会得到人民最衷心的爱戴；那些"我将无我"的人、"不负人民"的人，历史终会把他看得很重很重。

二

正是因为"千万工程"从一开始就秉持着紧紧依靠农民的理念，而当这一理念与农民群众自发自觉的内驱力、创造力相遇，就让"千万工程"犹如生命体一样，沿着本身自在的发展逻辑，开启了自我进化、自我迭代。

4月的绍兴柯桥区香林村，虽不是桂花飘香时节，但是上千年的古桂树、绵延数里的桂树林还是引来游客惊叹的目光。走进香林村，村庄就在景区里，景区融入村庄中，一幅"人在画中游"的景象。

"现在我们看到的村庄面貌，每年包括水、电、垃圾处理等等，运维成本要四五十万元。"香林村党总支书记柯新尧说，"一个村庄搞建设，一定要考虑后期运维，不然的话，投资建成的硬件也会闲置，造成新的浪费。"

的确，村庄不是砖瓦沙石的村庄，是生机勃勃的活的村庄，是轮回往复的动态的村庄，简而言之，村庄是人的村庄。

村庄整治与建设也不是一次性投入，而是一个长期的、不间断的、能够自循环的过程。要实现这一点，一定要考虑人的因素，要充分发挥农民群众的积极性。

这一点，早在"千万工程"启动之时，习近平同志就指出：农民是"千村示范、万村整治"工程的建设者和受益者，必须充分尊重农民的意愿，村庄整治的规划和建设方案都应经过村民讨论，民主决策，切实防止刮风，切忌强迫命令。在此后连续三年的现场会上，他反复强调农民的主体作用、农民的自觉行动。

如果说，"为了人民"是目标，是价值追求；那么，"依靠人民"则是价值观与方法论的合二为一。而真正把农民拥护不拥护、支持不支持作为决策依据，也必将得到千千万万农民群众的拥护和支持。

"千万工程"二十年牢牢践行又生动验证了依靠农民的理念。

村庄要让农民来建设、运维。在丽水松阳县陈家铺村，沿着布满岁月凿痕的青石小路拾级而上，时光都仿佛慢了下来。村子里有餐馆，一家不大的店面一个月营收能到5万元；有文创店，小小的一个手工瓷杯卖到上百元；有网红"先锋书店"，北上广深买得到的书，这里一样有；还有闲置牛棚改的小卖部，卖些村里老人自己晒的萝卜干、笋干，一年也能收三四万元。

最难得的是，这些老房子大部分还是村民自己的房子，村民自己在运营。开小卖部的是村民鲍景岩，原来在外面打工，后来受了伤干不了重活，正好村子发展起来就回来了，把牛棚改成小卖部，活也轻松，每年的收入比以前打工还多。

从贫困村到网红村，陈家铺的蜕变离不开政府建设、离不开社会资本、离不开专业人才，但这些外部要素都是"配角"，"主角"始终都是村民。

外部力量也是必需的，没有现代要素，单靠村庄自己很难完成跃升，但在两者关系上，他们从一开始就画好线、定下原则。比如古村落保护，要保留原生态，不能大拆大建；比如资本进入，像老房子这样的资源性要素不能一次性买断，要给未来发展预留空间。画好线以后各取所需、各有所得，而村庄本身的发展，就交给农民的创造力、交给时间的魔法、交给业态的自我演变了。

陈家铺有陈家铺的路径，团石村有团石村的办法。在浙江一路走来，有个很大的感受就是，村庄都很美，但每一个村都有每一个村的特色，真正是花开万朵、各有千秋。

衢州龙游县团石村，一条公路沿江而过，一边是清秀宜人的衢江，一边是整洁美丽的村庄。时不时就有炫酷的摩托车停下来，原来，村里有家摩托车俱乐部。很多"摩友"来到这里，和"同道中人"骑车兜风赏美景。

互联网时代，与传统著名旅游景点相比，"玩法"已经大不一样。现在强调圈层文化、小众景点，摩托车发烧友口口相传，自发聚集，然后村里因势利导建起了"摩巡驿站"，吸引了更多车友。

路修好了，村庄美了，剩下的就交给时间，村庄会依山就势、因水随形，自然生长成她该有的样子。

村庄要差异化发展，要找到自己的路，但这条路到底是什么呢？浙江经验告诉我们，一定是先有农民自发的探索，再上升为规划、提炼为路径。先后关系摆清楚了，然后才能双向奔赴、上下同欲。

什么才是最适合的？农民自己最知道。没得到群众支持的行政推动也许看上去快，但是一旦出了问题，就可能是难以挽回的错误，反而是走了弯路；而尊重基层和群众的探索，总结他们朴素的经验再加以提炼，虽然看上去慢、周期长，但从长远来看，试错成本最低、效率最高。只要充分信任群众，让水流向它该去的地方，一定会出现最有效率的河道。

"千万工程"的二十年，也是村庄迭代升级的二十年。如何升级、向何处去？其驱动力也在于不断出现新的问题、农民群众不断有新的要求。正是在一个一个问题解决，一个一个要求实现的过程中，"千万工程"不断被驱动向前。

2004年7月，在湖州的第一次现场会上，"千万工程"实施一年后，习近平同志指出：实施"千村示范、万村整治"工程，千村提供的是样板，万村要求的是扩面。要以点带面、点线结合，逐乡逐镇成片推进，不断扩大整治成果。——强调"扩面"。

2005年8月，在嘉兴的第二次现场会上，习近平同志指出要建立健全体现群众愿望、时代特征、与时俱进要求的建设扩容机制，不断丰富拓展工程建设的内涵与外延。——拓展到"扩容"。

2006年8月，在台州的第三次现场会上，习近平同志强调，要把对传统农村的改造和对传统农业、传统农民的改造有机结合起来，整体推进农村生产、生活、生态条件的改善。——向"整体推进"演变。

正是因为"千万工程"从一开始就秉持着紧紧依靠农民的理念，而当这一理念与农民群众自发自觉的内驱力、创造力相遇，就让"千万工程"犹如生命体一样，沿着本身自在的发展逻辑，开启了自我进化、自我迭代。

做垃圾收集、卫生改厕、河沟清淤、村庄绿化时，也许没人能想到，环境的改变会极大提振村民的精气神。而人心凝聚了，乡风民俗的积淀开始苏醒，乡土文化的根脉得到滋养，乡村治理的格局开启深层重构。

未来的乡村是什么样子？

"千万工程"所点化的这场山河重整之旅还远未结束，也许，今天的我们再怎么畅想，二十年后仍会被证实想象力的贫乏。但今天的浙江已经初见未来的端倪，那是中华文化中和美乡村的样子，那是数字时代中科技赋能的样子，那也是复兴梦想中共同富裕的样子。

"千万工程"二十年，浙江的样子，正是昨天我们所憧憬着的今天；而今天，也预示着我们必将抵达的明天。

三

如果乡村和城市的差距是断裂式的，两者就无法互动、无法相互产生密切关系；而一个富裕文明、生态宜居的乡村，才能对城市的溢出形成有效承接，才能对城市的不足产生良好补充。

暮春的江南，一汀烟雨，满川芳草。

浙江有 700 多条风景线，2000 多个特色精品村，走在其中，"一户一处景，一村一幅画，一线一风光"。农村"30 分钟公共服务圈""20 分钟医疗卫生服务圈"，等级公路比例 100%，农民收入连续 38 年领跑全国省区……不夸张地说，在浙江，乡村真正成为千千万万个美丽花园，农民真正成为人们羡慕的身份。

而且浙江乡村的发展，不止于乡村本身，还为城市、为工业的发展，为城乡关系的重塑开启了一种新的可能。

有人也许会问，在乡村花那么多钱，会不会拖慢城市发展，毕竟在目前的经济结构中，城市发展才是大头。

这个问题，习近平同志早在 2003 年"千万工程"启动会上就有着透彻的洞察，作出深刻的阐释：大力实施"千村示范、万村整治"工程，以形成合理的"城—镇—乡—村"体系，形成以城带乡、以工促农，城乡互促共进的发展格局，就更具有深远的历史意义和重大的现实意义。

工业要反哺农业、城市要支持乡村，但两者绝不是割裂的，也不可能只是单向的。在浙江，我们看到，投入乡村建设的资金不但没有拖慢城市发展，恰恰相反，乡村发展起来了，又反过来支撑着城市，一种新型的"城乡互促共进"关系正在形成。

浙江很多村庄都有自己的创客基地，比如金华义乌市李祖村的"国际创客村"，现在已经有 200 多个农创客入驻。创业形态有电商，有店铺，还有到乡村寻找灵感的设计师，在乡村大地上创造作品、举行展览，别有一番风情。

传统思维里谈乡村对城市的贡献，一般都能想到农产品供给，农民养活城里人；大多也能想到农民工进城，参与城市建设；最多还能想到乡村游，为城里人提供心灵休憩的场所。但在浙江，我们看到乡村对城市贡献的另外一种可能，它是产业的梯次承接，是细分领域的业态分流，乡村在某种程度上变成了城市的补充、城市的延伸。

乡村缓解了"地"的问题。对城市来说，建设用地指标是很多地方头痛的难题，而村庄可挖的潜力还很多，已有的建设用地还可以充分利用。用地的问题表现在微观层面就是企业租金，浙江一些企业把总部放在城市，而一些不依赖于此的项目则搬到了乡村。

乡村化解了"人"的问题。很多优秀人才正在回到乡村，更重要的是，他们的回流不是权宜之计，而是长久打算；不是没有办法的无奈之举，而是出于现实的利弊选择。他们需要乡村，乡村也需要他们。他们个人奋斗的创业过程与农产品上行、乡村运营深度相融，紧紧绑定在了一起。

乡村在"钱"的问题上找到了两全之计。资本需要更多增值的场景，而乡村既需要资本助力，又拥有巨大空间，两情相悦，再通过一个合理的利益分配机制，终能实现天作之合、长久联姻。

乡村的价值究竟有多大？客观地说是被低估的。按照目前统计口径中的一二三产来统计，农业在浙江 GDP 中所占的比例只有个位数，但"国际创客村"建在乡村，很多经济行为发生在乡村，即使在统计报表上体现不出乡村，谁也不能否认，乡村这个地域空间产生了巨大的财富，乡村的价值比我们想象的还要大。

杭州，作为互联网经济、民营经济发展的排头兵，在城市竞争中有很多优势，但在杭州人看来，他们与其他城市相比，最大的优势是，除了城市以外他们还有广阔的乡村。

这里的广阔，既是地理空间概念，更是发展潜力判断。如果乡村和城市的差距是断裂式的，两者就无法互动、无法相互产生密切关系；而一个富裕文明、生态宜居的乡村，才能对城市的溢出形成有效承接，才能对城市的不足产生良好补充。

这是省域层面上的，而站在一个国家的视野，城乡之间的这种关系就更加明显。要让国内大循环真正循环起来，如果乡村发展不迎头赶上，农民的收入和消费不出现大的提振，大循环也会面临大的困难。

民族要复兴，乡村必振兴。

从西子湖的"农业兴才能百业兴、农民富才能全省富、农村稳才能全局稳"，到中南海的"中国要强，农业必须强；中国要美，农村必须美；中国要富，农民必须富"；从世纪之初的"现代化建设中增加农民收入的任务最迫切、发展现代农业的任务最艰巨、改变农村面貌的任务最繁重"到二十年后的"全面建设社会主义现代化国家，最艰巨最繁重的任务仍然在农村"……

正是不变的初心，指引着之江大地走向繁盛，又领航着古老文明走向复兴！

正是永恒的夙愿，让这片土地上辛劳的农民，得以在伟大时代踏上和美生活之途。

2018年，"千万工程"十五周年的时候，时任联合国副秘书长兼环境规划署执行主任索尔海姆曾说："我在浙江浦江和安吉看到的，就是未来中国的模样，甚至是未来世界的模样。"

的确，关于未来，人们总有太多的想象。

未来乡村是什么模样？作为国家治理的基本单元，作为集聚了农耕文明、家国记忆、宗族血脉、情感归属的地理与人文空间，乡村和身处其中的人们，正在经历着巨大而深刻的变迁，他们将去往何处、变得怎样？"千万工程"所点化的万千美丽乡村，正是提供了这样一种想象，一种关于未来乡村的想象。

　　未来的中国是什么模样？城与乡，是人类生产生活的两大空间载体，城乡关系也是经济社会发展中极其重要的一对关系。在一个充满活力的中国，城与乡各自应该承担什么职能，他们之间的关系又应该是什么样的？今天的浙江，城乡的互促共进关系正在走进现实。

　　未来的世界是什么模样？地球上有大约 45 亿人口生活在农村，占全球总人口的 60% 左右。在多样的世界文化中，乡村也呈现出不同的样貌，北美的农场、东亚的新村、欧洲的小镇，各具特色的乡村风情成就了世界的异彩纷呈，而中国，也将在其中贡献自己文明的斑斓，共享自己文明的智慧。

　　"弄潮儿向涛头立，手把红旗旗不湿。"钱塘江逶迤而行，折成一个"之"字。因水之折，"浙江"之名由此而来，奔腾千年的江水也因"之"赋形，在潮起潮落间孕育着、生发着革新伟力。

　　浙江是一片历史眷顾的土地，提前预演着一个新的时代，现在回头来看，以"千万工程"为代表的浙江实践，不就是活生生的中国梦的"起手式"、乡村振兴的"试验田"吗！

　　浙江也是一片不负所托的土地，"千万工程"二十年一张蓝图绘到底，一任接着一任干，久久为功，方得大成。

　　所以说，是新思想的强大真理力量和实践伟力，开辟了浙江道路；而浙江也用年年有成，积小胜为大胜的坚实步履，印证着新思想的真理光辉。

　　在浙江采访中，听到一副对联，"龙游丽水云和月，仙居天台玉环山",横批"江山永康"。对联把浙江的部分县市"龙游县""丽水市""云和县""仙居县""天台县""玉环市""江山市""永康市"都巧妙嵌入,既展现了古越大地的江山秀美和文化底蕴,也表达了人们对美好生活的珍惜和祝愿。而"千万工程"则点亮万千乡村,让这些美好和底蕴深情闪耀,熠熠生辉。

人民就是江山,惟愿江山永康!

《农民日报》(2023 年 05 月 29 日 01 版)

使命如山

——"千万工程"二十年记（中）

何兰生　江　娜　施维　孟德才　朱海洋

从"为广大劳苦大众谋幸福"到"人民对美好生活的向往，就是我们的奋斗目标"，百余年的誓言，历经多少岁月风霜依旧铮铮作响；百余年的使命，伴随日新月异的历史变迁而不断丰富内涵。

我们要建设什么样的乡村？怎样建设乡村？把乡村带向何方？让农民过上什么样的生活？时代的命题在不停歇地考问，共产党人使命如山。

二十年前，习近平同志从浙江破题、以"千万工程"起手，开启了万千村庄的美丽蝶变，预演着山河重整的壮阔征途；二十年后再回眸，"千万工程"润物无声，已然改变了无数村庄的命运，并深刻影响中国乡村的未来。

季春时节的之江大地，乡村蓬勃生长出多样风貌：古朴静谧，又不失热闹；极尽传统，又接轨潮流；既有文艺情调，又有科技魅力；既富含中国气韵，又不乏世界风情。

在"浙"里，可观乡村之变，可品乡村之美，可见乡村之未来。

——

恢复和强化乡村既有价值及功能，让乡村更像乡村——这是"千万工程"重塑乡村的要义之一，也是其二十年来不断彰显蓬勃生命力的重要密码。

浙江，"七山一水二分田"，山河湖海皆备。大地为纸，山川作笔，江河为墨，之江大地演绎着一幅从"绿水青山"到"金山银山"再到"绿水青山就是金山银山"的传奇画卷。

2006 年 8 月 16 日，雨后初霁，时任浙江省委书记的习近平同志来到衢州开化县金星村。这是地处钱塘江源头的一个小山村，从前，村民靠"种种砍砍"为生，导致山林荒芜，破坏了生态环境。后来，金星村逐步推进村庄绿化美化、垃圾集中处理，到 2006 年初，已经变为山林茂密、绿树成荫的生态村，还被评为县里的"千万工程"样板村。

习近平同志在村口刚一下车就对村庄环境赞不绝口。考察结束，即将上车返程时，他又回过头来叮嘱村党支部书记郑初一："这里山好、水好、空气好，将来通过'山海协作'，空气也能卖钱。"

空气怎么卖钱呀？郑初一一时间没明白这番话的含义。直到后来看到来自上海的游客为了呼吸一口新鲜空气，专程来到村里住民宿，郑初一这才恍然大悟："空气能卖钱，不就是把绿水青山变成金山银山了嘛。"

一位村党支部书记的顿悟，道出了"千万工程"的深刻内涵。二十年来，"千万工程"坚持以"绿水青山就是金山银山"理念为指引，持续改善农村人居环境，造就万千美丽乡村。如今走在浙江乡村，路平灯明、水清塘净、村洁屋美，一步一景、处处是景。

有人说，"千万工程"改变的不只是人居环境。诚如斯言，"千万工程"从改善人居环境入手，深刻影响了乡村的生产生活生态，赋予了乡村再价值化的机遇，开启了乡村振兴的序曲。

"千万工程"对乡村的改造提升，绝不是按照城市的模板塑造乡村，消弭乡村的特色，而是紧扣乡村实际，不断凸显和放大乡村既有的文化内涵和功能价值，让乡村更像乡村。

首先是乡村生态产品供给功能的恢复和强化。"空气也能卖钱"的金星村就是一个很好的例子。如今，像金星村这样的村庄在浙江不胜枚举。截至 2022 年底，浙江全省 90% 以上的村庄达到新时代美丽乡村标准；创建美丽乡村示范县 70 个、示范乡镇 724 个、风景线 743 条、特色精品村 2170 个、美丽庭院 300 多万户。

浙江靠海，不单是陆地上的村庄整洁一新，就连海岛也实现了村容村貌大变样。白沙港是一个小岛，也是一个村。地处舟山群岛东端，与"海天佛国"普陀山隔海相望。曾几何时，村里人靠打渔为生，在疾风劲浪里讨生活，挣到钞票却忽视了环境，一到晒鱼季节，岛上苍蝇蚊子满天飞。如今，经过"千万工程"的改造提升，白沙港焕发出醉人的海岛风情——在干净整洁的海边小路上走走，或者在民宿阳台上坐一会儿，晚风微凉，霞光旖旎，别有一番滋味在心头。

让乡村更像乡村，乡村就不能不种粮食。正是对于农业基础地位的重视，浙江在实施"千万工程"过程中，注意保障和强化乡村的农业生产功能，要求乡村发展绝不能以牺牲耕地为代价，必须牢牢守住粮食生产生命线。

2003年春耕时节，刚刚上任浙江省委书记不久的习近平同志就来到杭州余杭区调研春耕备耕工作。在调研中，他特别指出："如果从GDP来看，农业所占的比重肯定是逐年下降的。但民以食为天，占GDP的比重下降并不影响农业的重要地位。农业的稳固保障了老百姓的衣食住行，肚子吃饱了，才能发展其他的东西。农业在整个社会发展过程中的基础地位不能动摇。"

当时一起参与调研的时任浙江省农业厅厅长程渭山对这句话记忆深刻。多年后回忆起这次调研经历，他不禁感慨："在过去以粮为纲的时代，省委书记调研春耕工作是很常见的事情，但改革开放以后，省委书记这么重视农业生产，亲自深入基层调研春耕情况的就不多了。"

2023年4月11日，杭州萧山区横一村，放眼所及，漫山遍野的油菜花令人赏心悦目。乡民们说，这是整个萧山区最大的高标准水稻田之一，一年里，先种油菜，油菜收获后，再种植彩色创意水稻，水稻成熟之际，吸引大量城里人来此游玩体验。一片水稻田，卖上几遍钱，摘得几重果。"我们给这片稻田起了个响亮的名字——'Hi稻星球'，让每一个走进村子的朋友都能感受到稻子的神奇魅力。"

横一村党委书记傅临产兴奋地说道。

让乡村更像乡村，没有比古村落的保护更能留住乡村的韵味了。"千万工程"在实施之初，就注重对历史文化村落的保护。习近平同志在2003年"千万工程"启动会上强调：要正确处理保护历史文化与村庄建设的关系，对有价值的古村落、古民居和山水风光进行保护、整治和科学合理地开发利用，切实保护好名人故居、古代建筑和历史文化遗迹，做到传承历史文化与融入现代文明的有机统一。

老屋是乡村的核心景观之一，是承载乡愁的重要载体。地处浙江西南部山区的丽水市松阳县，有1800多年建县史，保存着大量格局完整的中国传统村落，是华东地区保存较好、代表性较强的传统村落聚集地。

距松阳县城15公里有一个海拔600多米的古村落——平田村。这里一年大部分时间处于云雾缭绕之中。村里的房子呈阶梯状，层层叠叠，斑驳的墙体在阳光下泛着淡淡的金黄色，因此又被称为"云上平田"。平田村虽然有着梦幻般的景致，但是山上的条件对于大部分村民来说过于不便，一半多村民离开破旧的黄泥房，搬到了县城，年久失修的老房子逐渐衰败。

为了保护老屋，唤醒村庄活力，松阳县2016年启动了"拯救老屋行动"，对传统村落进行保护性抢救与开发，平田村的老屋迎来了一个新的春天。乡贤江斌龙租用村民的老屋，请来清华大学、哈佛大学等四所大学专家教授进行设计，有效提升了村庄规划建设的品味。如今走进平田村，随处是古色古香的民居、茶室、咖啡屋，不仅激活了乡村文化，富裕了返乡创业的村民，还为都市人的乡愁寻到了一个可以安栖的归处。

恢复和强化乡村既有价值及功能，让乡村更像乡村——这是"千万工程"重塑乡村的要义之一，也是其二十年来不断彰显蓬勃生命力的重要密码。

二

浙江在实施"千万工程"过程中，不仅看到了乡村与城市之"别"，注意保障和激发乡村既有的功能价值；又看到了乡村与城市之"同"，积极赋予乡村更新的时代内涵，进一步拓展乡村的丰富性和可塑性，让乡村比城市更"城市"。

城市与乡村是人类的两个家园。抛开城与乡的天然差异，在服务人类生产生活方面，具有很多共同特性。

在"千万工程"启动之初，习近平同志就提出了"农村新社区"的概念。他说，要借鉴城市社区的理念来建设农村社区。当时有人也有疑虑，觉得社区这个概念是城市的。习近平同志说："社区这个概念是怎么来的呢？实际上，村落就是社区。在社会学里，村落社区的历史比城市社区更悠久，村落社区是传统社区，城市社区是现代社区，现在我们要把传统村落社区改造成为现代社区，所以叫农村新社区。"

浙江在实施"千万工程"过程中，不仅看到了乡村与城市之"别"，注意保障和激发乡村既有的功能价值；又看到了乡村与城市之"同"，积极赋予乡村更新的时代内涵，进一步拓展乡村的丰富性和可塑性，让乡村比城市更"城市"。

乡村何以能比城市更"城市"？这是因为乡村本身具有天然的生态优势和文化基础，可塑性强，可以嫁接生态、文创、科技等多种元素。多要素耦合，其发展的路径和空间大于城市。相形之下，主打居住、工业、服务业的城市，其功能面貌反而较为单一。从一些世界五百强企业把总部搬到乡村和小镇，就可以验证这一道理。总部大楼的办公室与青山绿水只隔了一面玻璃墙，生态办公、生活创业"两不误"。

如果一旦补齐了乡村人居环境短板，同时赋予其更多的时代要素，那么乡村将还你意想不到的惊喜，将会让城市更加向往。当我们还在想象让城市更加向往的乡村是什么样时，浙江的实践已经给出了生动的答案。

——数字技术进乡村，引爆乡村未来感。

在许多人看来，数字技术和未来社区是紧密相连的。电影里那种"赛博朋克"的感觉，无不是建立在先进发达的数字技术基础上。事实也正如此。在人本化、生态化基础上，浙江将"数字化"定位为"未来乡村"建设的三大导向之一。九大场景建设规范中，数字技术的支撑更是无处不在。

穿行在浙江乡村，数字技术应用场景十分普遍。清晨早起，到乡村户外跑个步，一条看似寻常的跑道，其实是数字技术改造后的智慧跑道，能够自动记录跑步者的轨迹及消耗的卡路里。

数字技术不仅被用于提升生活舒适度的每一个小细节，更被用于农村医疗、养老等重要公共服务事项中。在绍兴上虞区潘韩村，依靠大数据、云平台打造未来乡村智慧医疗服务站，实现了村民、家庭医生和省城专家"面对面"交流问诊，打开了云上就医新通道。在台州三门县芹溪村，失能失智和低收入群体老人家庭经过适老化改造后，一床一码、一人一档，线上健康实时监测，若有需求一键呼叫，当地叫做"虚拟养老院"。

——运营理念进乡村，点亮乡村发展美。

经过"千万工程"的改造提升，浙江乡村整体发展水平已经走到了全国前列，乡村运营的理念在浙江乡村广泛流行开来。

乡村运营是浙江乡村的高频词。记者在采访中了解到，浙江乡村运营主要有两种模式，一种是交给第三方公司，由专业的人负责运营，村集体与其形成利益共同体；还有一种是村集体自己运营，大多组建起强村公司。比起前者，后者让村民在村庄运营事务中更具话语权，不过对管理者的能力和水平也提出较高要求，通常是"能人型村庄"才能做到。

在台州天台县塔后村，记者就见到了这样一位村书记——陈孝形。早年间，他在杭州等地做广告、酒店生意，2017 年响应政府号召回到塔后村当起了村党总支书记。为了把村庄发展的氛围搞起来，他自掏腰包搞了一场乡村音乐节，让塔后村"一炮而红"。"就是要释放一个信号，让年轻人觉得村子和以前不一样了，从而吸引他们返乡创业。"在陈孝形的带动下，村里很快发展起民宿、餐厅、酒吧、艾灸馆等多种业态，并组建了强村公司，主要负责村庄民宿等业态的标准制定、监督管理以及村庄公共卫生环境的维护等。

"通常来说，1500 人左右的村庄，一年下来，维持整体运转的支出约为 40 万元。垃圾分类、污水处理是最基本的事项。"在陈孝形看来，若只建设不经营，只投入不收益，就变成了沉没成本，美丽乡村也难以持续。

目前，浙江全省村级集体总资产 8800 亿元，集体经济收入 30 万元以上且经营性收入 15 万元以上行政村占比 85% 以上，经营性收入 50 万元以上村占比 51.2%，现已全面消除集体经济总收入 20 万元以下、经营性收入 10 万元以下的行政村。

一番探访，记者不禁感慨：乡村就像一个生命体。生命体会生病，村庄也会变脏变旧。维持村庄生命活力，离不开充足的管理维护投入，而维护成本的获取，又离不开运营管理的造血赋能。

——潮流文化进乡村，凸显乡村时尚范儿。

在人们的印象中，乡村是土气、落后的代名词，离时尚、潮流八竿子打不着。然而，在浙江乡村，时尚气息和乡土大地实现了深度交融。一时间，乡土风格被潮流文化改造，变得更洋气；潮流文化也被乡土风格影响，变得更接地气。

潞村，地处湖州吴兴区，这个有着"丝绸之源"之称的千年古村，2015 年，被联合国世界旅游组织、亚太旅游协会选定为世界乡村旅游大会永久会址。自此之后，《典籍里的中国》陈列馆、国际乡村会议度假中心等也落户潞村，"在湖州看见美丽中国，在潞村看见美丽乡村"，洋溢着美丽的生态自信。

在浙江乡村，引爆潮流的不仅仅是会展文化。美术、书法、文创、体育等门类也不甘落后。在台州天台县后岸村，村口的废石料厂被改成了体育馆，每年承办 50 多场体育赛事。村里还组建了篮球队、门球队、气排球队，特别是气排球，很受中老年人欢迎。每年都会有从山东、吉林等地不远千里而来的气排球爱好者，专门来到这里参加比赛。在衢州龙游县溪口老街，一群返乡创业的年轻人掀起了一股文创产品设计热潮，"一盒故乡"发现了乡村篾匠的价值，设计制造了众多精美时尚的竹制品，真正做活了"乡愁经济"。

科技、运营、潮流……这些富有时代气息的现代要素进入乡村，使乡村成为一个充满想象的造梦空间，一个拥有更多可能的未来画板。从这一点上看，乡村确实是比城市更"城市"。

三

乡村是农民的家园，农民是乡村的主人。乡村环境与农民风貌呈现一种相互影响、紧密互动的内在关联，勘破这一点，就会明白"千万工程"引发乡村社会涟漪性巨变的根由。

环境与人是什么样的关系？习近平同志对此深有感触。

2003年5月，习近平同志来到宁波奉化滕头村考察。时任村党委书记的傅企平讲起村里生态环境转变的故事——早在1993年，村里就成立了环境保护委员会，无论上什么项目，都要先由环保委把一道关。这些年，环境变好了，村民环保意识也提升了，大家自发地保护花草树木，全村绿化覆盖率近70%。

习近平同志听着，有感而发：一个人如果家里很整洁、环境很好，做人做事的信心也会提高，人改变环境，环境反过来也能影响人。

改善人居环境只是"千万工程"的切入点，其最终落脚点是为了实现人的现代化，提振农民的精气神。二十年来，"千万工程"一直坚持尊重农民需要、共建共享的基本立场，充分调动农民的积极性、主动性、创造性。

宁波宁海县葛家村是一个远近闻名的艺术村。上到银发老人，下到垂髫小儿，无论年龄，不分性别，全村村民都洋溢着一股艺术气质。60 岁的袁桂敏本是在家带孙子的农村妇女，从"小红书"上学会制作桂花糕的手艺，推出一款名为"糕抬桂手"的人气产品，受到往来游客的追捧，一盒 20 元，一个双休日能卖几十盒。还有位 8 岁小朋友用竹节做了一幅三只小鱼的墙壁画，彰显了孩子独特的艺术感受力。

在葛家村，随处可见点缀在墙角巷尾的一捧花、一方石、一捆草。不需要多么高大上的装潢，就是这契合乡土气息的小小装饰，乡村变得别有一番韵味。

乡村振兴，不仅要调动原乡民的积极性，还要吸引外来人进入。

在浙江乡村，记者见到很多从城里来到乡村创业的年轻人——他们或经营咖啡屋、奶茶店，或搞电商直播，还有做文创产品设计，尽管业态不同，但都有一个共同的名字——"农创客"。

"农创客"这一概念是由浙江省率先在全国提出，特指大学毕业后投身农业农村创业创新的乡村人才。2021 年，浙江省正式启动实施"十万农创客培育工程"，着力留住原乡人、唤回归乡人、吸引新乡人，乡村振兴的蓬勃局面加速形成。截至目前，浙江已累计培育农创客超 4.7 万名。

李祖村有 200 多名农创客。大家来自天南海北，因为共同的志趣相聚在此，既是工作上的合作伙伴，又是生活上的知心朋友，用他们自己的话说是"有趣的灵魂会相遇"。

"合和棉麻"工作室的经理人鲍丽萍很喜欢在李祖村的创业生活，干脆住到了店里。"帘子这头是生意，那头是生活。只有在宁静的乡村，才能实现创业生活化、生活艺术化。""90后"姑娘封玲把原本开在城里的"南瓜糖水铺"搬到了李祖村，意外收获了和房东方健生一家的友谊。封玲告诉记者，农创客和村民已经成为紧密的利益共同体，农创客自带流量，吸引消费者到村庄消费，而村民也发自内心地接纳、照顾这些年轻的孩子。

如果说李祖村是一个"创客村"，那么杭州建德市堪称一个"创客市"。近几年，建德市乡村创客成群，截至今年5月，光注册创业的返乡青年就有2756人，较为成熟的农创客则将近350人，绝对数和增幅都位居杭州前列。

农创客实际上解决了乡村缺乏人气的问题。乡村振兴，需要人气，但不一定非要把原乡民留在乡村，可以用市场的力量把乡村外面的人吸引过来，为乡村发展注入全新血液，从而产生不一样的化学反应。

紧紧把握人与环境的内在关系，"千万工程"推开了乡村蝶变的多米诺骨牌。先是通过厕所、垃圾、污水"三大革命"解决了乡村"脏乱差"的问题，随后补上了基础设施和公共服务短板，乡村变美、变宜居了，自然能留住乡民，又能吸引更多人进入。于是，乡村有了人气，业态也随之完善丰富，乡民的自豪感、荣誉感、价值感油然而生，精神面貌也焕然一新。

乡村是农民的家园，农民是乡村的主人。乡村环境与农民风貌呈现一种相互影响、紧密互动的内在关联，勘破这一点，就会明白"千万工程"引发乡村社会涟漪性巨变的根由。

四

"千万工程"被浙江不少农民誉为是继实行家庭联产承包责任制后，党和政府为农民办的最受欢迎、最为受益的一件实事。

北京时间 2018 年 9 月 27 日，美国纽约曼哈顿。联合国总部大厅灯火通明，气氛热烈。

"这一极度成功的生态恢复项目表明，让环境保护与经济发展同行，将产生变革性力量。"联合国环境规划署将年度"地球卫士奖"中的"激励与行动奖"颁给了中国浙江的"千万工程"，并给出了上述颁奖词。

浙江以一个省的一项工程获得国际生态环境领域最高荣誉，这在全球是史无前例的。这次获奖，让"千万工程"在世界舞台大放异彩，越来越多的人开始认识了解"千万工程"。

二十年春华秋实，承载着重塑中国乡村伟大使命的"千万工程"从一棵稚嫩的幼苗成长为参天大树。"千万工程"之所以能够二十年来成功运转并持续彰显蓬勃的生命力，得益于从启动之初就形成了一套科学有效的工作机制——党政"一把手"亲自抓，成立一个工作协调小组，每年召开一次工作现场会。

习近平同志在浙江工作期间，每年都出席"千万工程"工作现场会，明确要求凡是"千万工程"中的重大问题，地方党政"一把手"都要亲自过问。此后的浙江省委书记，无一例外都亲自出席"千万工程"现场会，把"千万工程"当成一个重大项目来抓。高度重视背后是充足的投入保障。二十年来，浙江全省各级财政累计投入村庄整治和美丽乡村建设的资金超过 2000 亿元。

每年的现场会，对于举办地而言是一个很大的荣誉，各地像申办奥运会一样，县委书记抢着向省里申请。一时间，省农办的电话几乎被打爆。现场会不仅促进了举办地的经济发展，还在全省形成了很好的示范效果，调动了各地真抓真投入的积极性。

浙江坚持一张蓝图绘到底，一任接着一任干，这在全国各省份是极其难得的，有效克服了短期行为，避免造成"前任政绩、后任包袱"问题。一位浙江干部感慨："一件事坚持做二十年，哪有不产生巨大变化的？"

二十年跨越发展，二十年久久为功。"千万工程"深刻改变了浙江乡村面貌——农村人居环境测评持续领跑全国，森林覆盖率超过了 61%，农村居民人均收入连续 38 年稳居全国省区第一，城乡居民收入比连续十年缩小。浙江也因此成为农民生活最优、城乡融合度最高的省份之一。

"千万工程"被浙江不少农民誉为是继实行家庭联产承包责任制后，党和政府为农民办的最受欢迎、最为受益的一件实事。

"千万工程"诞生于浙江，但其影响绝不止于浙江。理论指引实践，实践验证理论，又反过来推动了更广阔范围的实践。

党的十八大以来，习近平总书记先后多次对"千万工程"作出重要批示，特别强调"要深入总结经验，指导督促各地朝着既定目标，持续发力，久久为功，不断谱写美丽中国建设的新篇章。"

2018年12月，中共中央办公厅、国务院办公厅发出通知，要求各地区各部门结合实际认真学习"千万工程"经验，全国掀起了学习开展"千万工程"的浪潮。

从天山脚下到东海之滨，从西南边陲到塞北边疆，大家纷纷学"千万工程"，干"千万工程"，让乡村更清洁，让农民生活得更美好。河北任丘市通过引入市场机制、探索政府购买服务方式，解决乡村人居环境整治"钱从哪来"的问题，将环卫服务资源和人力送到各个行政村，做到了农村垃圾日产日清。甘肃民勤县秉持"把小事做好"的治理理念，建立了"门前自己管、村道有人扫、垃圾有处倒"的垃圾处理模式，确保每一处垃圾都落实到人、每一层责任落实到位。江西井冈山市在乡村建设中从细微处见真章，对农房"微改造"、对"飞线""细治理"，将电力、通信、有线电视线等各类管线统一拉直、修整，还乡村以简洁清爽。

从一省一域走向全国各地，"千万工程"花开四野，重塑了更多乡村的形态，改变着中国乡村的未来。

"江南忆，最忆是杭州；山寺月中寻桂子，郡亭枕上看潮头。何日更重游！"在最好的时节，遇到最美的江南，今日人们有幸替一代大诗人白居易圆梦。

淼淼富春江风烟俱净，水天共色，青山点点，万物与人和谐共生，好一幅现代版的《富春山居图》。

在浙江采访，听到当地干部将"千万工程"的路径和成效形象化地概括为6对"头"：山头水头、路头田头、村头门头、灶头床头、看头说头、噱头回头。在这6对"头"里，是满眼的山光水色、路景田园，说不尽的村美人和、乐享自然，此处有舌尖之乐、梦乡之甜，是那种流连忘返、欲走还留。

　　这就是乡村要去的方向，这就是农民要过的生活。二十年里，一道道山河被重整，一个个村庄被重塑，"千万工程"所到之处，乡村大地就好像开启了"美颜"一样容光焕发。这 6 对"头"，透出的是乡村生活的小日子，却写满了时代命题的大答案。

　　使命如山，唯有全力奔赴。

《农民日报》(2023 年 05 月 30 日 01 版)

道路如砥

——"千万工程"二十年记（下）

何兰生　江娜　施维　孟德才　朱海洋

历史的改变总是在不经意间发生。

当余村下决心关停"全县规模最大的石灰石开采区"时，当金星村老百姓头一回听说"空气也能卖钱"时，当雪水港村的村民第一次在村里和省委书记交流新农村建设时，他们没有想到，这就像一颗石子投入湖面产生绵延不绝的涟漪，无数村庄因此被照亮，无数农民由此过上整洁而有尊严的日子。一场从生产到生活、生态的根本性嬗变在浙江乡村迤逦展开。

他们更不曾想到，这种变革的力量在若干年间，从之江大地开始不断生发、激荡、延伸、拓展……不仅重塑了中国的万千乡村，更开启了建设美丽乡村、美丽中国新的时代，成为当代中国"三农"

史上的神来之笔。

时至今日，已经不会有人再把"千万工程"视为一项简单的人居环境整治工程。他是发展观的重大革命，是城乡关系的重要调整，是乡村价值的涅槃觉醒，是乡土社会的文明跃迁。

"千万"也已不仅是一个具体数字的度量，更成为一个万千世界、海纳百川的抽象符号。以乡土大地为底，泼墨作画，绘就万千繁华，经济、政治、文化、社会、生态文明的道道风景，都蕴含在这"千万"的万千变化之中。

在这块中华民族伟大复兴最大的乡村试验田上，"千万工程"用二十年的试验摸索、二十年的久久为功，不仅生动勾勒出中国乡村振兴的未来之路，也深刻诠释了我们为什么要建设乡村、怎样建设乡村、要建成什么样的乡村这一历史课题。而他最终指向的，还是在我们这样一个有着 14 亿人口、5 亿多农民的农业大国，如何走好中国式现代化之路的根本性命题。

———

"千万工程"是基础工程、龙头工程、生态工程、民心工程；还是一个伟大的乡村"探月"工程、民族筑梦工程、时代共富工程；更是在新的赶考路上，我们党探索如何处理与农民关系的理论创新和实践创新工程。他把我们党和农民、乡村的关系带入新的境界。

乡村是什么？在中国，他是一个地域概念，千百年来，人们在此繁衍生息、耕读渔猎；也是一个文化符号，承载着中华民族五千年农耕文明的历史记忆；同时，更是一个梦想标尺，衡量着民族复兴大业的高度和厚度。

"千万工程"是什么？他是推动农村全面小康建设的基础工程、统筹城乡发展的龙头工程、优化农村环境的生态工程、造福农民群众的民心工程；还是一个伟大的乡村"探月"工程、民族筑梦工程、时代共富工程；更是在新的赶考路上，我们党探索如何处理与农民关系的理论创新和实践创新工程。

——习近平同志亲自谋划、亲自部署、亲自推动；浙江省委、省政府坚持一张蓝图绘到底，二十年一年接着一年干、一任接着一任干；

——"群众要什么，我们干什么""把选择权交给农民，由农民选择而不是代替农民选择"。

二十年来，在"千万工程"的迭代发展中，在美丽乡村的华丽变身中，在乡村振兴的浩浩征途中，是党和农民携手实现乡村变革的伟大创举。

回顾我们党的百年奋斗历程，乡村是根、是魂、是重要的力量源泉。在百年乡建过程中，我们党积累了丰富的智慧和经验，不仅指导了"三农"这一航船破浪前行，也为整个中国全局的建设发展贡献了重要的价值观和方法论。而"千万工程"正是中国共产党带领中国农民开展百年乡建的经验集成，是我们党"三农"理论创新、制度创新和实践创新的新飞跃。

他催生了民族复兴、乡村振兴的新战略，孵化了"绿水青山就是金山银山"的新理念，探索了城乡融合科学聚变的新路径，启迪了中国之治"和美"之道的新内涵，创造了乡村文化自信的新高地。

"千万工程"把我们党和农民、乡村的关系带入新的境界。

正如被习近平同志称为"省级农民"的顾益康所言：在浙江，改革开放以来，除了土地承包，还从来没有一项工作像"千万工程"这样，让农民如此发自肺腑地认同。

与历史上那些特殊的时刻相比，"千万工程"或许谈不上轰轰烈烈、翻天覆地，但正是这种润物无声的力量，更能深入到乡村建设的每一个细胞里、肌体中，带来潜移默化的改变；

与一些重大的改革相比，他也没有那种势如破竹、短时间席卷全国的气势。但正是这样一步步由点到面，由表及里，由内至外的自我更迭、自我发展，更能带来厚积薄发的力量，催动着"千万工程"不断地向下扎根、向上生长。

"千万工程"不是用砖瓦建设出来的，他是党心和民心的铸就，他是历史的选择。

二

"千万工程"从人居环境整治入手，由环境变革触发生态变革，催发产业变革，激发文化和社会变革，从而形成一场乡土重整、乡村重塑、城乡重构的社会革命，堪称中国式现代化的"三农"先声。

如果说"乡村"是我们探寻回答中国发展中一系列问题的重要钥匙，那为什么打开"乡村"的正确方式是"千万工程"，而不是别的？为什么是从人居环境整治切入，而不是那些更宏大的主题？二十年间，不断有人在对这个问题的探索中，试图去找寻历史发展的某种偶然性和必然性。

从结果的角度往前回望，逻辑其实异常清晰，答案也一目了然。但是只有真正站到历史的起点，面对纷繁复杂的现实和诸多的改革难题，我们才能明白这一落子的构思精妙、气象万千。

在 2003 年 1 月浙江省委农村工作会议上，习近平同志就明确指出：要全面建设小康社会，提前基本实现现代化，增加农民收入的任务最迫切，发展现代农业的任务最艰巨，改变农村面貌的任务最繁重。

三个"最"字，尽显发展任务之重、统筹兼顾之难。

直观来看，彼时的浙江，经济多年高歌猛进取得了丰硕成果，但也带来了不少发展的后遗症，尤其是农村地区，环境"脏乱差"问题尤为突出，成为群众反映最强烈的现实问题之一，亟需改变——这也正是"千万工程"实施的重要初衷。

但若换个角度审视，生态环境问题当然重要，但农民增收也是一个永恒的民生课题。尽管浙江经济发展水平和农民收入在全国位居前列，可依然面临着迫切的发展诉求。两权相较之下，孰轻孰重、如何平衡？

"千万工程"不做选择题，他要的是必答题，他更是一招破题。

从人居环境整治入手，由环境变革触发生态变革，催发产业变革，激发文化和社会变革，从而形成一场乡土重整、乡村重塑、城乡重构的社会革命。

二十年来，"千万工程"不断升级拓展，他就像是一个伟大的生命体，开启了自我的更迭生长。这得益于时代阳光雨露的滋养，但其实，在播下种子的那一刻，思想的领航、理论的创新已经为其培植了丰厚的土壤，为我们解答发展中的一系列问题打开了总开关。

"绿水青山就是金山银山""良好生态环境是最公平的公共产品，是最普惠的民生福祉""环境就是民生，青山就是美丽，蓝天也是幸福"……最深刻的道理，往往都蕴含在最简单、最质朴的话语中。

这不仅在于其坚持了我们党"一切为了人民"最崇高的初心和使命，更有现实针对意义的是，他从发展观上回答了绿水青山与金山银山如何兼顾、经济发展和生态保护如何共赢的问题，从世界观上回应了新时代人民群众对美好生活的多重需要，从方法论上找到了一条破解中国现代化发展中两难、多难的有效路径，为走人与自然和谐共生的中国式现代化之路，提供了实践样本和思想之源。

"以前卖橘子要自己拉进城里去，价格只能卖一两元一斤。现在连摘都不需要，游客喜欢亲手采摘，价钱也给得高。"嘉兴嘉善县江家港庄打造村庄"IP"江小橘，建起了亲子乐园，改造了民宿产品"村民宿集"，吸引大批游客，农民也过上想都不敢想的生活。

受益的何止是乡村，何止是浙江：在内蒙古大兴安岭的北岸林场，人们围绕"林"字做文章，通过发展森林旅游、林下经济，实现了"不砍一棵树，照样能致富"；在山西右玉，经过多年发展，不毛之地变成塞上绿洲，生态牧场、特色旅游鼓起了村民的"钱袋子"；在贵州、在四川、在江西，受益于一片小小的白茶，3省5县的农民分享了"安吉白茶"的品牌效益，"一片叶子再富四方百姓"的故事成为佳话。

又何止是中国！"'千万工程'表明，在农村大幅改善环境同时实现快速经济发展是可行的。"英国爱丁堡大学基础设施与环境研究所负责人阿利斯泰尔·博思威克教授说，"我相信'千万工程'的经验将能传授给其他国家，无论是发达国家还是发展中国家。"

"千万工程"是我们党生态文明理论最大众的传播者，也是全球可持续发展要求最生动的实践者。他用这片土地上千万农民真诚的笑脸，给世界讲述了一个美丽中国的故事，再次为世界多样化的发展贡献了"中国智慧"与"中国方案"。

三

如果说生态文明是"千万工程"的魂，城乡统筹发展就是"千万工程"的骨。没有城市的支持，没有城乡统筹的力度，"千万工程"无法达到如今的高度，乡村也难以独自美丽。

二十年前，一些到过浙江考察的人士，曾形象地将彼时的情形概括为："走了一村又一村，村村像城镇；走了一镇又一镇，镇镇像农村。"

农村的"脏乱差"，既是村庄规划问题、环境治理问题，又是发展模式、产业结构、农民生活消费习惯等一系列问题。究其背后的实质，还是长期重工轻农、城乡分割的二元经济发展模式所形成的"病灶"。

"千万工程"盛开在浙江这片土地上并非偶然。一方面，经过改革开放后20多年农村工业化和城市化的发展，到2002年，浙江的城市化率已经达到51.9%，比全国平均水平高出12.8个百分点，总体上形成了城乡协调发展的优势。但同时，浙江的城市化水平质量不高，功能不全，亟待提升。这是一个现实逻辑。

而另外一个重要的历史逻辑是，在经历了长期的农业支撑工业化进程，农民作出了巨大的贡献牺牲之后，工农城乡关系已经走到了一个新的路口。统筹城乡，从哪儿统，怎么统？需要有地区率先垂范、作出探索。

经济发展的必要，生态保护的必须，城乡统筹的必然……形成了一个重要的交汇点。这个点就是"千万工程"。

"新土改""新金改""新户改""新社保"，各项改革措施不断出台；城市基础设施建设、基本公共服务、现代文明，不断向乡村延伸、覆盖、辐射；人才下乡、技术下乡、资金下乡，各种要素向乡村不断流动……乡村之变，更是城乡之变。

走进温州永嘉县源头村，清流淙淙的溪边停靠着一艘艘两头尖尖、造型优美的小船，相传这就是李清照千古名句"只恐双溪舴艋舟，载不动许多愁"中的"舴艋舟"。只不过岁易时移，舴艋舟的功能已从载人、运货转变为观光、拍照。

舴艋舟功能的转变，实质是村庄生存发展道路的转变。几年前在外经商的陈小静放弃上海生意，回乡担任了村委会主任，短短几年时间，村庄就走出一条"旅游＋电商"的发展道路。

如今的源头村已经成为 AAA 级景区，以"源头陈小静"为商标的各种农副产品更是在网上热卖。

纵观"千万工程"二十年的发展之路，实际上也正是浙江对于城乡统筹的认识不断加深、领域不断拓展、层次不断提升、改革不断深化的过程。

这种统筹，不是简单的公共资源、公共财政向农村倾斜覆盖，也不是单向的以城带乡、以城统乡，他更强调的是体制机制壁垒的打破，把城市和乡村真正当做一个整体来一并设计、一并规划、一并推进。

如果说生态文明是"千万工程"的魂，城乡统筹发展就是"千万工程"的骨。没有城市的支持，没有城乡统筹的力度，"千万工程"无法达到如今的高度，乡村也难以独自美丽。

这其中蕴含的不正是我们解决"三农"问题的根本之道吗？——正如习近平总书记在浙江工作时所指出，既要高度重视农业和农村工作，又不能"就农业论农业，就农村抓农村"，必须站在国民经济和社会发展的全局高度，统筹城乡经济社会发展。

而反过来看，"千万工程"的实施，乡村的快速发展，与城市日渐深度的融合，也为城市日新月异拓展了新空间、提供了新动力。

这种促进，不是简单地给城市的产业转移提供了多少土地，给市民的休闲提供了多少清新的空气、给游子承载了多少乡愁的寄托；而是从发展战略层面认识升华，乡村越来越成为一些地区实现高质量发展重要的战略后院，越来越成为提升城市能级和核心竞争力的战略空间。

在采访中，我们明显感觉到，浙江的干部无论来自城或乡哪个部门，无论是谋划城市的发展还是乡村的建设，都习惯用城乡统筹的思维来开展工作、调配要素、统筹资源、规划空间、设计制度……城与乡有形的边界在模糊，无形的藩篱也在拆除，从而于整体上推动了浙江经济社会的发展。

而"千万工程"，让这一切成为可能，更让这些可能成为现实。

四

没有乡村自信，就不会有中国人真正的文化自信。"千万工程"所唤醒的正是一个国家、一个民族发展中最基本、最深沉、最持久的力量，是我们实现中国式现代化道路的基石所在、底蕴所在、精神所在。"乡村，让城市更向往！"

2010年4月的上海世博会，浙江宁波滕头村的"乡村案例馆"在主题为"城市，让生活更美好"的展会上，表达了自己独到的理解，大声喊出了这一句话。

隔着13年的时空，我们依然能看得到村民们脸上洋溢的骄傲，以及这句话在当时所产生的影响和思考。

费孝通先生曾经说过，"从基层上看去，中国社会是乡土性的。"但在中国由传统农业社会进入工业社会的过程中，人们更多还是用城市文明、工业文明的视角来解读乡村的价值，这也导致过去很长一段时间里，"三农""被处于"一种边缘的位置，不仅村庄在物理层面面临着衰败与凋敝的风险，而且农民在精神层面也呈现一定程度的迷茫、压抑和不自信。

现在我们看到全国各地都在学习浙江"千万工程"经验，厕所革命和人居环境整治成为热词，但在二十年前，这无异于打破了人们的习惯认知和路径依赖。某中部省份一位乡镇书记的观点有一定的代表性："城市都没有做好垃圾分类，农村怎么做得成？"

这也许是当时的现实，也是一种无奈。在目睹了"千万工程"带来的美丽嬗变之后，我们深刻地感受到，那个发轫于农家房前屋后、村头门头的环境整治，已在二十年前伏下了草蛇灰线，点燃了中国式现代化的乡村传奇，也就像卤水点豆腐一样，把乡村的一切点化为我们一直梦寐以求的样子。"千万工程"对于这块土地最根本的重塑，不只是环境的改变、颜值的提升、经济的带动……而是来自于全社会对于新时代中国乡村价值的再认识，以及这片土地上世代生活的人们对于乡村日益坚定的文化自信、发展自信，和对于农民这一身份发自内心的真正认同。

浙江的干部说，浙江不和人家比 GDP，浙江要和人家比乡村，比谁的乡村更漂亮、更富裕、更文明；浙江的农民说，以前大家都努力往城市跑，现在周末城里人都非要到乡村来；来到浙江的外地人都说，浙江农民真有福气……这是福气，也是底气，更是勇气和志气。

乡村不是城市的附庸，也不只是城市的"背面"，而是具有独特价值的生命体，在重大历史的变革时期，中国乡村还会肩负起引领时代的使命；

农民更不是"愚昧无知"的群像，他们可以是乡村的艺术家，生活的哲学家，理性的经济学家……只要一点阳光，就能从大地深处开出美丽的花。

当然，随着工业化、城镇化的加快推进，乡村的千年之变势不可挡。中国有几十万个村庄，不是所有的村庄都能建成美丽乡村，有些村庄还将不可避免地逐渐消亡。即便是在浙江，也面临着乡村人口流失的现实。但同样，也有越来越多的人来到乡村生活、就业、休闲、康养，有越来越多的新产业、新业态在这里萌生，有越来越多的村庄焕发了新的生机。

城镇越发展、越繁荣，现代化越往前走、物质生活越丰富，人民群众越喜欢山清水秀的田园风光，农业的多种功能、乡村的多元价值就越发重要。

从历史更深层面来看，乡村是我们迈向民族复兴的大后方，是中华文明的重要载体。可以说，没有乡村自信，就不会有中国人真正的文化自信。

从这个角度说，"千万工程"就是一场涵盖了经济、政治、文化、社会、生态的革命，以此为契机，乡村产业实现升级，乡村治理走向善治，乡村文化开始自信，乡村社会更加祥和，乡村生态日益友好，更重要的是，他让曾经"灰头土脸"的农民扬眉吐气，让曾经是落后代名词的乡村翻转了命运，他清扫的不仅是乡村环境的"脏乱差"，也把中国乡村文化的不自信一起扔进了垃圾箱。

"千万工程"所唤醒的正是一个国家、一个民族发展中最基本、最深沉、最持久的力量，是我们实现中国式现代化道路的基石所在、底蕴所在、精神所在。

五

说到底，"千万工程"最宝贵的经验和财富，还是"人"，是人的精神、人的品格、人的素质，是这片之江大地上千百年来孕育出的生生不息的奋斗之志、创新之力、实干之气。

近年来，大家都在学习浙江经验，但有人也不乏"疑虑"。

安吉是"两山"理念的诞生地，每天都有络绎不绝从全国各地来此参观考察的团队，大家问的最多的一个问题是：安吉每个村庄都建设得这么好，花了多少钱？

有些来自中西部地区的干部则自己下了结论："我们学不了安吉，我们没有那么多钱。"

在很多人看来，浙江"千万工程"一个很重要的经验是因为他们经济发达，所以有钱投入。

其实这里面包含着三重逻辑。

首先，这不仅是有没有钱投的问题，更是愿不愿意投的问题，说到底还是对"三农"是不是真重视的问题；

其次，有钱投、愿意投，还要把钱用出效率、花出成效，这就是经验、能力问题；

最重要的是，有钱的地方有有钱的干法，没钱的地方有没钱的干法，这就是因地制宜的问题。

习近平总书记曾多次强调，农村环境整治这个事，不管是发达地区还是欠发达地区都要搞，标准可以有高有低，但最起码要给农民一个干净整洁的生活环境。

以安吉为例，2008年它也是刚脱掉贫困县帽子不久，就在全国率先提出了美丽乡村建设，从当年不到 6 亿元的地方财政收入中拿出 1 亿元，步步为计、量力而行，以最小的投入得到了最大的回报。

当然，经济基础只是一个方面。中国幅员辽阔，地区差异极大，不同的地理区位、风土人情、资源禀赋、文化传统等，都有"橘生淮南则为橘，生于淮北则为枳"的担忧。

但经验不是刻板教条，学习也不是生搬硬套。浙江造就千万美丽村庄，其中很重要的一个原因，就是强调要"因地制宜、精准施策"。大美中国、各有其美，不能不顾体型、一个尺码裁衣。只有立足各地的实际情况，才能找到适合自己的路。

2018 年 12 月，中办、国办转发了中央农办、农业农村部、国家发展改革委关于深入学习浙江"千万工程"经验的报告，报告总结归纳出七个方面的经验。纵观这些经验：始终坚持以绿色发展理念为引领，始终坚持党政"一把手"亲自抓，始终坚持因地制宜分类指导，始终坚持有序改善民生福祉、先易后难，始终坚持系统治理久久为功，始终坚持真金白银投入，始终坚持强化政府引导，调动农民主体和市场主体力量……其实每一条都是很基本、很质朴的道理，并不存在什么特殊的门槛，哪里都能学得来、学得好。

再仔细想想，这些经验又何止于"千万工程"呢？对于做好全局性的"三农"工作，都是应该秉持的基本原则，是乡村振兴的重要法宝。任何地区，都应该学、必须学。

说到底，"千万工程"最宝贵的经验和财富，还是"人"，是人的精神、人的品格、人的素质，是每个地方从上到下的主政者乃至千千万万的普通百姓，他们在历史节点的关键抉择，于波浪汹涌中的政治定力，遇困顿挫折时的敢闯敢试，在舒适圈里的居安思危……是这片之江大地上千百年来孕育出的生生不息的奋斗之志、创新之力、实干之气。

而这，不也正是中华民族的优良传统和民族气质吗？所以，我们才能在前进的道路上，不断战胜一次又一次挑战，从胜利走向新的胜利。

六

务必执政为民重"三农"、务必以人为本谋"三农"、务必统筹城乡兴"三农"、务必改革开放促"三农"、务必求真务实抓"三农"——真理的力量往往在时间的流逝中更见清晰。"千万工程"的历程，更加印证了这五个"务必"的真理性、科学性、人民性、实践性。人民就是江山，江山就是人民。共产党人的初心就是为了人民，共产党人的使命就是让人民过上幸福的生活。而亿万农民，曾经为革命、建设、改革作出巨大贡献和牺牲，理所应当、天经地义、于情于理都应该过上干干净净、舒舒服服、和和美美的生活。

怎么才能让亿万农民过上这样的美好生活呢？时代在出卷，农民在出卷。

路径有很多，但最关键的一条还是要到我们党的初心使命里找线索，从我们出发的源头找答案。

2005 年 5 月 21 日，习近平同志在《农民日报》专访《习近平的"新'三农'"说》中，深刻论述了他对"三农"工作的认识，即：务必执政为民重"三农"、务必以人为本谋"三农"、务必统筹城乡兴"三农"、务必改革开放促"三农"、务必求真务实抓"三农"。

真理的力量往往在时间的流逝中更见清晰。"千万工程"的历程，更加印证了这五个"务必"的真理性、科学性、人民性、实践性。

务必执政为民重"三农"。就是要从全局的战略高度看待"三农"的重要意义，对解决好"三农"问题作为全党工作重中之重的认识不能模糊，对农业在国民经济中的基础地位不能动摇，对扶持"三农"的各项工作力度不能减弱。任何时候、任何情况下都要始终坚持重中之重战略不动摇。习近平同志在浙江时，亲自抓"千万工程"的部署落实和示范引领，每年召开全省现场会作现场指导。连续好几年，习近平同志新年调研的首站都是农村，新年度省委召开的第一次全省性重要会议就是农村工作会议……这样的"为"、如此的"重"，体现在施政方针、政策举措，也体现在细节上。

务必以人为本谋"三农"。就是要把我们党的群众工作路线贯穿于"三农"工作的方方面面，始终坚持乡村建设为农民而建，乡村振兴为农民而兴。"千万工程"为什么能二十年久久为功，取得巨大的成绩？我们党为什么能带领人民，100多年步履铿锵走到今天？一切的密码都大不过这四个字："以人为本"。既要实现好、维护好、发展好农民的物质利益和民主权利，还要不断增强农民群众的自我发展能力，充分调动他们参与乡村建设发展的积极性和创造性，尊重民意、维护民利、强化民管。不要怀疑农民生活的智慧，更不用担忧他们改造世界的力量，只有真正走进农民、相信农民、依靠农民，我们才能走好新时代的赶考之路。

务必统筹城乡兴"三农"。乡村当然是独立的存在，不是城市的附庸。但是，如果离开了城市的支持，它也难以获得充足的现代化资源和要素保障，没有城市的参照、城市的需求，乡村的存在就没有那么珍贵。所谓"孤阴不生、孤阳不长"，城乡之间亦是如此。务必统筹城乡兴"三农"，就是要把农业的发展、农村的繁荣、农民的增收放到整个国民经济发展的大局中统筹考虑、规划、安排，把城市和农村作为一个统一的有机整体系统谋划、统筹协调，充分发挥城市对农村的带动作用和农村对城市的促进作用。如此，"三农"才有出路，城市也才能继续"让生活更美好"。

务必改革开放促"三农"。从历史的角度，这个世界上可能不会有哪个群体像中国农民一样，对"改革"这两个字如此感同身受，他们也是最具有改革精神和改革基因的。从未来的发展，无论是重中之重战略的持续落实，以人为本理念的深入贯彻，还是城乡统筹机制的不断完善，其背后都必然是一连串的体制机制的改革在起作用。没有改革，不会有"千万工程"的成就，也不会有"三农"的未来。事实上，"千万工程"就是改革精神、改革动力、改革举措推动的一场大改革。务必改革开放促"三农"，就是要始终以与时俱进的精神状态和强烈的政治责任感，深入推进改革开放，不断为"三农"发展添活力、强动力、增后劲。发展不停步，改革不止步。

务必求真务实抓"三农"。农业农村工作，直接面向的是广大农民群众，涉及亿万农民的根本利益，来不得半点虚假。农民最讲究实际，是盖一座漂亮的牌楼好，还是为农民修建100个卫生厕所好，他们心中自有计较。但是这种工作成绩，往往是"潜绩"而不是"显绩"，因此抓"三农"工作必须要有科学的精神和求实的作风。务必求真务实抓"三农"，既要求得"真"，始终坚持解放思想、实事求是的思想路线，尊重规律、尊重民意，从实际出发做决策、想问题、办事情；更要务得"实"，一旦确立了目标，必须稳扎稳打、循序渐进走下去，既要保持历史耐心，一任接着一任干，也要努力创新突破、与时俱进，积小胜为大胜，带领农民群众不断奔赴更加美好的新生活。

在浙江金华花园村，坐落着一座"千万工程"展示馆，这里记录了"千万工程"的思想轨迹、发展脉络、实践成效。那也是包括花园村在内的无数乡村的感恩和情怀所系。正是受益于"千万工程"的乡村革命，万千乡村变得更加和美、更有活力，他们也在这场革命中蓄积了通向未来的强劲动力。

风已起，未来已来。今天，我们正站在历史的路口。一个人类历史上人口体量巨大的国家正在迈向他的现代化之路，这也是一个最古老的民族、一片最古老的土地的现代化之路。中国千千万万的乡村，他们的未来也将迎来更为巨大的改写。诚然，这必定是一个艰难而又痛苦的过程，但中国乡村的希望正在这里，乡村振兴的契机正在这里，中国式农业农村现代化的美好未来正孕育在这里。

"千万工程"源自浙江，"千万工程"属于中国，"千万工程"的智慧也一定属于一切向往美好生活的人们。

初心如磐，使命如山；

道路如砥，

行者无疆。

《农民日报》（2023 年 05 月 31 日 01 版）

学术圆桌

"千万工程"催生乡村蝶变
整治提升寄予村民厚望

——浙江省人居环境整治调研报告

浙江省统计局课题组

"千村示范、万村整治"工程持续实施，造就了浙江万千美丽乡村，人居环境领跑全国，成为浙江的一张金名片。"全国看浙江、浙江怎么办？"带着这一问题，浙江省地方统计调查局课题组广泛征询部门意见，深入农村和农户实地调研，并在 11 个设区市开展"人居环境整治"问卷调查，寻求进一步做好人居环境整治工作的对策和思路。

本次问卷调查的村，涉及山区、丘陵、平原、海岛不同地形地貌，涵盖聚集提升类、城郊融合类、特色保护类、搬迁撤并类等不同类型，既有经济薄弱村，又有经营收入上千万的强村，还考虑到少数民族村。共回收 233 份有效村干部问卷和 4985 份有效村民问卷，收集意见建议近 1800 多条。被调查村民，男性占 60.3%；普通村民占 87.4%，乡村干部占 12.6%；受教育程度主要集中在初中，占 39.2%，其他依次是小学及以下、高中或中专、大专、本科，分别占 23.0%、20.2%、11.4%、6.3%。

人居环境整治的成效与特点

调查显示，对当前人居环境整治成果满意和比较满意的村民达 92.5%。浙江农村总体呈现出"水净、村美、人和、民富"的宜居、宜业、宜养、宜乐的美丽乡村新风貌。主要有以下特点：

"美村"意识深入人心。"千村示范万村整治"工程，以及"美丽乡村建设"，作为改善农村人居环境、造福广大农村民众的重要举措，被越来越多的村民知晓并支持，"美村"意识深入人心。尤其是近年来大力倡导的生活垃圾分类，更为农村居民广泛认同、积极参与。调查显示，98.6% 的受访村民表示知晓"千村示范万村整治"、美丽乡村建设等相关政策，99.0% 的村民反映所在村有开展人居环境整治行动，96.2% 的村民知晓垃圾应该分类。

农村面貌焕然一新。通过环境整治，农村居民喝上清洁安全的水，用上清洁的能源，走上干净的路，从根本上改变农村"雨天一身泥、晴天一身灰、宅旁臭水沟、垃圾柴火满地堆"的现象，农村面貌发生深刻变化。被调查村中，生活

▌ 学术圆桌 ●

垃圾处理率、生活污水处理率、卫生厕所使用比率在 90% 以上的村，分别有 210、183 和 202 个，占比分别达到 90.1%、78.5% 和 86.7%。91.4% 的村 3 年来一直开展植树造林等绿化行动，94.4% 的村参与创建美丽庭院，其中近六成村的村民参与创建比例超过 10%。村民对村容村貌的变化感受深刻，认为变化最大的是"生活垃圾有处理、不污染环境了"，占 71.2%；其次是"生活污水有处理、不污染环境了"，占 43.6%；认为"村里变整齐有序、绿化好、更漂亮了"的，占 35.2%。

美丽经济活力迸发。"千万工程"不断深化，乡村产业融合发展，不断激发美丽经济活力。一是农村产业多样性，体现农村一二三产业融合发展新趋向。在受调查村中，村干部认为本村的主要产业是农林牧渔业的占 84.1%，乡村旅游、养生养老产业的占 38.2%，工业的占 26.6%。二是收入来源多渠道。主要收入来源是"打工"的认同率最高，为 91.4%，其次是农林牧渔业，为 69.1%，第三是经营餐饮、住宿、旅游等服务，为 33.5%。可见，第三产业逐渐成为农民增收重要渠道。以丽水市为例，有 90% 的被调查村认同经营餐饮、住宿、旅游等服务是村民的主要收入来源，与打工收入并列第 1 位，其次是从事农林牧渔业收入，生动诠释了"绿水青山就是金山银山"。三是创业人才多样化，激发农村发展新活力。科技、资金进乡村，青年、乡贤回农村的"两进两回"举措，为乡村振兴注入新的生机和活力。调查显示，54.5%的村有青年、乡贤返乡创业，43.8%的村引入社会力量、工商资本合作发展。

乡风文明展现新貌。长期以来，浙江将乡村文化设施完善有机融合于人居环境整治之中，结合美丽乡村建设，增设了文化礼堂、图书室、体育健身场所等文体设施，增加了乡村文化供给。农村居民的环保意识、文明意识和责任意识，不断增强。调查显示，有98.5%的村民愿意为改变村里的环境出一份力；有85.1%的村民愿意为清理生活垃圾、打扫公共区域卫生等改善村里环境的措施付费，其中，愿意每年为清理生活垃圾、打扫公共区域卫生等改善村里环境的措施付费100元以下的村民占70.9%，愿意付费100~200元的占9.2%。村民对本村环境非常关心，在本次调查中提出意见建议近1800条，涉及村容村貌、文化传承、村规民约到乡村经济、乡村治理等方方面面内容，积极为实施乡村振兴献计献策。

村民对高水平提升人居环境有新期盼

"千村示范、万村整治"工程实施以来，农村面貌一新，

▎学术圆桌 ●

农村居民总体满意度较高，但对于继续高水平、全方位推进人居环境提升，仍有强烈期盼。

期盼规划引领。调查显示，三成村民认为村庄建筑布局较乱，农房设计水平低，期望有统一、长远的村庄规划。在开放式问题答复中，涉及村庄规划、布局方面的有 280 多条。在回答"您认为村里开展人居环境整治以来，变化最大的是哪些"的 9 个选项中，认为是"村里有长远发展规划，整体布局变好了"的仅占 9.6%，列倒数第 2 位。调查发现村庄规划主要有 3 个方面不足：一是规划水平低、落地难。村庄数量多、布局散乱。村内布局便利性、安全性、科学性等统筹考虑不足，功能分区不明，设施分布不合理等；二是规划滞后，居住区杂乱拥挤，农房设计水平低，式样老旧，功能不优，未能满足村民日益增长的美好生活需要；三是乡村人文元素彰显不够，有的村缺乏对地域特点、文化特色的挖掘，跟风模仿、千村一面，田园风光、乡土气息、自然生态不够凸显，美感和浙派建筑文化品位缺失。

期盼管治融合。调查中，许多村民对加强人居环境的管理和维护有着自己的期盼，超过 300 条的意见建议，涉及人居环境的管护。调查发现，人居环境的管治融合还不到位，存在重项目建设、轻长效管理的现象。一是全过程的管控缺位。虽然有 94.0% 被调查村开展垃圾分类，但"前段细分类、后端一锅烩"的现象仍然存在，村民对该项工作效果表示质疑。农民建房、建造三隔池，只有建设前的审批、缺少建设后的验收，建造质量参差不齐，存在污染隐患。与此同时，未批先建、少批多建、乱搭乱建的现象仍然存在。二是管控存死角，未能全覆盖。人居环境整治目前的注意力，大多放在农村户籍居民的生活垃圾和生活污水上，对外来人口、生产垃圾和污水管控不力，导致外来人口较多和生产企业多的村庄人居环境整治效果较差。三是文明养犬呼声强烈。

　　期盼资金支持。"建易管难"是人居环境整治提升的突出难题。对农村基础设施建设的一次性投入普遍力度较大，效果也十分明显，但要持续维持和提升农村人居环境，后续资金支持不可或缺，这也是农村居民的重要期盼。第一，后期维护费用高。根据走访调研情况，各村的建设资金多由各级政府分担，而后期维护费用需由村里自行解决，环境保洁、公厕维护、垃圾清运、污水处理等几项维护的年花费在几十万元到百万元左右，被调查村的集体经济收入平均仅为104 万元，不足以支持村内各项开支。第二，资金来源单一。随着整治工作的深入，资金需求量不断增加，但总体看资金来源单一，渠道不多。调查显示，98.7% 的村人居环境整治的主要资金来源是政府和村集体，没有来自企业或社会团体的资金，五成以上的村民认为政府财政投入不够、缺钱是当前人居环境整治的最主要困难。各地均认为目前仅靠财政单一投入，不能保障农村环境治理的需要，后续的维护资金来源渠道不畅，资金短缺是制约农村人居环境工作的瓶颈。

期盼质量提升。1.垃圾分类仍处于初级阶段。一是垃圾分类工作涉及部门、层面多、环节多，部门间缺少合理分工，容易造成监管力度不足和形成监管死角，远未实现标准化、规范化和精细化。二是浙江省农村生活垃圾仅分为可腐烂和不可腐烂两类，因此存在可回收物和有毒有害垃圾混装的现象，造成可回收物回收困难，不利于垃圾减量化和资源化。调研中发现，有的村想将可回收垃圾单独处理，由于缺乏支持而搁置。2.设施条件还需进一步完善。调查显示，在"您最希望村内环境的哪些方面得到改善"的选择中，村民选择率最高的是"生活垃圾处理更及时、干净"，占比为49.3%，远高于其他选项，希望"生活污水处理更及时、干净"的，占32.2%。超过四分之一的村民要求"整修、硬化村里道路"和"增加绿化美化"。3.整治水平仍需进一步提升。人居环境整治是一项长期工程，受访的村干部对今后工作方向提出了建议。数据显示，在对问题"本村认为应当从哪些方面高水平推进农村人居环境提升？（多选，最多选 3 项）"的应答中，认同率最高的是"村庄风貌提升"，为 58.8%，其次是"修编多规合一的实用性村庄规划"，为 52.8%，要求"生态环境保护和修复""垃圾处理、污水处理、卫生厕所提标改造""道路、交通、饮水、电网、网络电商、综合服务等设施提档升级"等三方面提升的村都在四成以上，要求"文化教育、医疗卫生、健康体育、养老保障等服务城乡均等化"的为 35.6%。

提升人居环境质量的思路和对策

习近平总书记作出重要批示：浙江"千村示范、万村整治"工程起步早、方向准、成效好，不仅对全国有示范作用，在国际上也得到认可。要深入总结经验，指导督促各地朝着既定目标，持续发力，久久为功，不断谱写美丽中国建设的新篇章。全国学浙江，浙江怎么办？我们不能原地踏步，应采取更有力的举措，着力提升人居环境质量。

宣传引导，让"美村"成为村民自觉行动。农村人居环境治理，不仅要提升农村基础设施等看得见摸得着的"硬件"，而且要提升村民"美村"意识、改善人居环境人人有责的社会氛围等方面的"软环境"。村民是人居环境提升的

学术圆桌

主体，要通过宣传引导，营造人人知晓、人人关心、人人支持、人人参与、人人有责的浓厚氛围，激发村民的责任心、荣誉感和幸福感，让"美村"成为村民的自觉行动。同时，要充分发挥乡村干部的引领作用。调查显示，超一半的调查对象认为村镇干部是其了解人居环境整治相关政策的主要渠道，提高基层干部的政策解读能力和转化能力，可以让政策更加深入民心。

健全机制，让美丽乡村建设和管护成为常态。一是建立多元协同参与机制。调动各方面积极性，整合全社会资源构建多方协同参与机制，充分发挥党委政府、村民组织、企业团体、村民乡贤等各方优势，在人居环境整治中各展所长、各尽所能。二是建立主体落实和制度落地的人居环境管护长效机制，明确人居环境整治的实施主体、监督考核主体和指导维护服务主体，出台符合实际、切实可行的规章制度，使人居环境整治成为美丽乡村建设的常态。三是建立政府主导、村庄参与、社会支持的投入机制，为环境整治提供坚实的资金保障。统筹各级各方资源，创新投融资机制，增强资金投入能力，发挥好政府投资的撬动、带动作用，鼓励和支持社会力量采取捐资、投资、合作保护等方式参与农村人居环境提升。积极推进乡村产业振兴，按照"谁受益、谁付费"的

学术圆桌

原则，尝试将住户付费相关模式纳入村规民约，弥补保洁资金不足。

科学规划，提升人居环境人文元素。一是要挖掘人文元素。在人居环境整治中要注重挖掘历史文化内涵，科学编制村庄建设规划，优化生产、生活、生态空间布局，全力保护历史文化遗迹遗存，增添乡村文化底蕴、乡愁魅力。二是要保留地方特色。在规划设计中，最大程度地保持"原汁原味"，让村庄形态和自然环境相得益彰，走出一条特色化、景区化、可持续的发展之路。

多方联动，让美丽乡村成为激发产业兴旺的新动能。在人居环境整治中，要立足自身资源禀赋，积极转化美丽乡村建设成果，使美丽乡村成为激发乡村产业兴旺的新动力。一是通过美丽乡村建设促进一二三产业加快融合。二是把人居环境整治工程打造成"两进两回"的平台，为乡村振兴注入新的生机和活力。三是把人居环境整治与促进农民增收有机结合起来，拓宽创业、就业渠道，增加收入来源，使美丽乡村成为乡村经济的源头活水，促进农民增收致富。

《统计科学与实践》（2019 年第 9 期）

学习贯彻习近平新时代中国特色
社会主义思想的鲜活教材

陈柳裕　刘力锐

2003 年 6 月，在时任浙江省委书记习近平同志的亲自谋划、亲自部署和亲自推动下，浙江省委办和省政府办联合下发《关于实施"千村示范、万村整治"工程的通知》，明确提出"用 5 年时间，对全省 10000 个左右的行政村进行全面整治，并把其中 1000 个左右的行政村建设成全面小康示范村"。这就是后来广为人知的"千万工程"。在习近平总书记的擘画和关心下，浙江坚持一张蓝图绘到底，一任接着一任干，从"千村示范、万村整治"引领起步，到"千村精品、万村美丽"深化提升，再到"千村未来、万村共富"迭代升级，深刻改变了浙江农村的面貌，探索出一条加强农村人居环境整治、全面推进乡村振兴、建设美丽中国的科学路径。

"千万工程"充分彰显了习近平总书记以非凡魄力开辟新路的远见卓识和战略眼光，全面展现了人民群众伟大实践同人民领袖伟大思想、伟大情怀相互激荡形成的凝聚力和创造力，是习近平新时代中国特色社会主义思想在浙江萌发与实践的重要例证，是学习贯彻习近平新时代中国特色社会主义思想的鲜活教材。总结推广"千万工程"的有益经验，对推动学习贯彻习近平新时代中国特色社会主义思想走深走实，完成艰巨繁重的改革发展稳定任务，具有特殊重要意义。

"千万工程"是学习和理解习近平新时代中国特色社会主义思想的生动实践

参天之木，必有其根；怀山之水，必有其源。"千万工程"之所以取得这样的历史性成就，根本在于习近平新时代中国特色社会主义思想的科学指引，而"千万工程"结出的硕果，也从一个侧面充分彰显了习近平新时代中国特色社会主义思想的理论魅力和实践伟力。

坚持改善乡村人居环境、建设美丽乡村。"千万工程"是一项生态工程，是当时浙江推进的一项以农村新社区建设为重点、以村庄的整理和整治为切入点、以提高污染治理和生态保护能力为核心的污染整治和生态建设重点工程。在习近平同志的亲自推动下，各地按照布局优化、道路硬化、四旁绿化、路灯亮化、河道净化、环境美化的要求，全面推进村庄整治建设。这种生态建设思路具体而系统，着眼于"以

学术圆桌

生态省建设为载体打造'绿色浙江'",充分发挥改善农村人居环境的联动效应,深刻影响了乡村的生产生活生态。党的十八大以来,习近平总书记多次强调,"生态文明建设是关系中华民族永续发展的根本大计","生态兴则文明兴,生态衰则文明衰"。以习近平同志为核心的党中央提出建设"美丽中国"的重要目标,把生态文明建设摆在全局工作的突出位置,强调生态文明建设要和经济建设、政治建设、文化建设、社会建设并驾齐驱,形成了中国特色社会主义事业"五位一体"总体布局。从实践发展的历史脉络看,"千万工程"是美丽乡村建设的"生动样本",注重着力打造绿色生态富民家园,是美丽中国建设的省域先行方案。

坚持统筹城乡发展、推进城乡一体化。"千万工程"实施20年来,浙江始终坚持统筹城乡发展,不断推动城市基础设施向农村延伸、公共服务向农村覆盖、资源要素向农村流动,使城乡关系发生深刻变革。习近平同志强调,"要把'千村示范、万村整治'工程作为推动农村全面小康建设的基础工程、统筹城乡发展的龙头工程、优化农村环境的生态工程、造福农民群众的民心工程"。实施"千万工程"是浙江"实施城市化战略的题中应有之义""是促进地区之间、城乡之间、经济与社会之间、人与自然之间协调发展的重要举措""一定要走城乡一体化发展的建设路子"。"千万工程"针对城乡发展不平衡难题，注重城乡统筹和互动，推进城乡一体化规划，是打破城乡二元结构、推动城乡融合发展的系统方案和有效举措，是加快缩小城乡差距的实际行动。

坚持生态惠民、生态富民。"千万工程"是一项富民工程，让农民过上高质量的富裕生活是推进"千万工程"的出发点和落脚点。在实施"千万工程"过程中，习近平同志多次强调，"坚持富民为先，以民为本"，"打好'生态牌'，走生态立村、生态致富的路子"。在"千万工程"的牵引下，浙江因地制宜地把生态环境建设与特色产业的开发结合起来，大力开展以优势产业为依托的特色村建设，不断把农村丰富的生态资源转化为农民致富的绿色产业，构建起"绿水青山"孕育"金山银山"的有效机制。党的十八大以来，习近平总书记多次强调，"要加强农村基础设施和公共服务体系建设"，"促进农民农村共同富裕"，"农村共同富裕工作要抓紧"。"千万工程"不仅融入了实现共同富裕的愿景目标和制度设计，还以其先行先试为当前我国扎实推进共同富裕提供了经验启示。

坚持形成党政统一领导、部门齐抓共管、群众积极参与的建设格局。"千万工程"是一项系统工程，体现了党的领

学术圆桌

导在社会治理中的政治优势和组织优势。习近平同志强调，"推进'千村示范、万村整治'工程既是政府的责任，也是农民自己的事情，社会各界都有参与建设的责任"。习近平同志亲自设计的"千万工程"推进体系，不仅体现了多主体合作治理的理念，更强调了党委政府在基层治理体系中的关键作用。在"千万工程"实施过程中，党委政府是协作网络的集成者、引领者和支持者，是资源和要素的整合者，是持续推进"千万工程"的关键所在。在该工程的实施过程中，各地也不断创新基层民主形式，完善村党组织领导下的村民自治，激活千百万农民为建设美好家园和幸福生活而努力的本源动力。"千万工程"的实施，也推动了党委政府各部门的职能工作向农村延伸，促进了服务"三农"和为民办实事长效机制的形成，带来了乡村治理方式、发展理念、发展模式的变革重塑，推动乡村治理形成了共建共治共享的局面。

持续深化"千万工程"，坚定不移推进中国式现代化

当前，我们应切实把浙江"千万工程"经验总结推广好、学习运用好，不断转化为推进中国式现代化建设的思路办法和具体成效。

学术圆桌

持续深化"千万工程"，在新征程上谱写扎实推进共同富裕的新篇章。只有心里真正装着农民，想农民之所想，急农民之所急，不断解决好农业农村发展最迫切、农民反映最强烈的实际问题，才能得到农民群众的真心支持和拥护，才能加快补齐农业农村这块我国现代化建设的短板。深化"千万工程"，必须坚持以人民为中心的发展理念，突出现代化发展方向的人民性，坚持发展为了人民，发展依靠人民，发展成果由人民共享，不断推动全体人民的共同富裕；必须把实现人民对美好生活的向往作为工作的出发点和落脚点，在推动农业农村和城乡高质量发展的同时，切实缩小地区差距、城乡差距和收入差距，着力维护和促进社会公平正义，坚决防止两极分化。

持续深化"千万工程"，在新征程上谱写"两个文明"协调发展的新篇章。物质富足、精神富有，是社会主义现代化的根本要求。从村庄环境建设到农村全面发展，从物质文明建设到精神文明建设，浙江坚持新发展理念，走出了一条迈向农业高质高效、乡村宜居宜业、农民富裕富足的康庄大道。在推进"千万工程"过程中，我们必须从文明建设的高度深刻把握"千万工程"的理论意蕴和实践要义，坚持两手抓、两手硬，既要注重实现物质财富的极大丰富，也要注重

学术圆桌

实现精神财富的极大丰富。在不断厚植社会主义现代化的物质基础、夯实人民美好生活的物质条件的同时，大力发展社会主义先进文化，加强理想信念教育，传承中华优秀传统文化，促进物的全面丰富和人的全面发展。

持续深化"千万工程"，在新征程上谱写人与自然和谐共生的新篇章。"千万工程"以整治环境问题为先手棋，从垃圾收集、村内道路硬化、卫生改厕、河沟清淤、村庄绿化向面源污染治理、农房改造、农村公共设施建设拓展，实施生态修复，不断擦亮生态底色，走出了一条以点带线、连线成片再到全域规划、全域建设、全域提升、全域美丽的新路径。持续深化"千万工程"，必须自觉用习近平生态文明思想指导新时代美丽乡村建设实践，深刻把握人与自然是生命共同体的深刻意蕴，站在人与自然和谐共生的高度谋划发展，坚定不移走生产发展、生活富裕、生态良好的文明发展道路，不断书写人与自然和谐共生的美好画卷。

《学习时报》（2023 年 06 月 09 日 01 版）

"千村示范、万村整治"工程
二十周年伟大成就与经验启示

顾益康

"千村示范、万村整治"工程，是时任浙江省委书记习近平同志顺应广大农民对美好生活向往，为改变农村环境脏乱差状况，亲自谋划和推动实施的一项创新工程。此后，历届省委、省政府坚持一张蓝图绘到底、一任接着一任干，不断推动"千万工程"迭代升级。在"千万工程"实施20周年之际，我们要系统总结这项工程对浙江乃至全国"三农"发展作出的历史性贡献和重大意义，深入总结提炼"千万工程"成功的经验启示。

一、习近平同志亲自擘画"千万工程"大蓝图

2002年，习近平同志就任浙江省委书记后，用半年多时间深入浙江城乡进行调查研究，将了解省情民意作为开创浙江工作新局面的首要工作。可以说，"千万工程"是习近平同志的调查研究之花结出的一个特别丰硕的成果。习近平同

学术圆桌

志作为省委一把手亲力亲为亲自制定了"千万工程"的目标要求、实施原则、投入办法和每年选一个县召开一次现场会议的做法,并主持2003年"千万工程"启动会和连续三年"千万工程"现场会,习近平同志的这四年四次讲话为"千万工程"指明了正确方向。

党的十八大以来,习近平总书记站在引领中国"三农"发展、造福全国农民群众的宏观高度,对"千万工程"作出多次批示。在党的十九大上,习近平总书记又根据浙江"千万工程"和美丽乡村建设成功经验和新时代缩小城乡发展差距的新要求,创造性地作出了实施乡村振兴战略的新决策,为新时代"三农"发展和农业农村现代化建设指引了前进方向。在习近平总书记的亲自谋划、亲自决策、亲自推动下,"千万工程"不仅让浙江农村成为大家公认的中国美丽乡村,而且带动了全国开展乡村建设行动,启动了乡村振兴战略,成为真正惠及亿万农民的民生工程、统筹城乡的龙头工程、促进绿色发展的生态工程,成为推进中国式农业农村现代化最有效的抓手。习近平同志亲自擘画"千万工程"大蓝图,为"千万工程"成为一项具有全国意义和世界影响力的伟大工程奠定了科学基础。

二、深刻认识"千万工程"伟大作用意义

浙江"千村示范、万村整治"工程，是一个改写当代中国"三农"历史的伟大工程，是造福亿万农民的民生工程，是获得联合国褒奖的环境工程，是促进城乡一体化发展的龙头工程。"千万工程"是最能彰显浙江"三农"影响力，最具浙江经验辨识度，最能显示中国特色社会主义制度优越性"窗口"效应的伟大工程，其伟大作用意义可以用"六个一"来概括。

"千万工程"开启一个建设美丽乡村美丽中国的新时代。"千村示范、万村整治"工程，以消除垃圾村的农村人居环境整治和全面小康社会主义新农村建设为直接目标，成为广大农民群众衷心拥护的民心工程。此后，浙江省委、省政府把建设美丽乡村作为深入推进"千万工程"新目标的创新经验，把人居环境整治与生态环境建设紧密结合起来，以美丽乡村建设行动计划来全面提升"千万工程"。浙江美丽乡村建设为党的十八大提出美丽中国建设的宏伟蓝图提供实践启迪，为全国农村人居环境整治和美丽乡村建设提供先行先试样板，由此开启美丽乡村美丽中国建设新纪元。

"千万工程"催生一个绿水青山就是金山银山的绿色发展新理念。时任浙江省委书记的习近平到安吉县余村调研时，

学术圆桌

对余村关停严重污染环境危害农民身心健康的小石矿小水泥厂，发展绿色经济的做法给予高度赞扬，并提出"绿水青山就是金山银山"新理念，由此成为指导"千万工程"向美丽乡村建设深化，进而推动生态省和绿色浙江建设的绿色发展新理念。"绿水青山就是金山银山"这一富有哲理又通俗易懂的理念，逐渐成为指导中国生态文明建设和绿色发展的核心理念。

"千万工程"引发一个民族复兴乡村振兴的新战略。党的十九大召开之前，在浙江提供的"从德清美丽乡村建设实践看乡村复兴之路"调研报告中，总结的浙江"千万工程"和美丽乡村建设的成功经验为十九大作出"实施乡村振兴战略"的重大决策提供重要的实践启迪。从一定意义上说，从"千万工程"到美丽乡村建设，再到乡村振兴战略实施，是一张蓝图绘到底的与时俱进接续工程，浙江的"千万工程"开创新时代中国乡村振兴之先河。

"千万工程"构建一个城乡融合科学聚变的新机制。工程伊始，习近平同志就提出要统筹城乡兴"三农"的新思路来推动工程建设，必须贯彻以工促农、以城带乡的思想，做到城市基础设施向农村延伸，城市公共服务向农村覆盖，城市现代文明向农村辐射，促进城乡一体化发展。浙江在深入推进工程实施中，牢牢把握这一原则和方向，使"千万工程"成为统筹城乡发展，缩小城乡差别，推动城乡一体化发展的龙头工程。浙江美丽乡村建设的成效，引领以上海大都市为中心的长三角地区，率先进入新型城市化和逆城市化双向互动的城乡融合发展时代。

"千万工程"形成一个农民共建共享美好家园的新共识。"千万工程"和美丽乡村持续推进，为广大农民找到绿水青山转化为金山银山的增收之道。经营美丽乡村，发展美丽经济，共享幸福生活成为新时代越来越多美丽乡村的新风景。"千万工程"和美丽乡村建设，增强村民利益共同体的意识，大家清醒地认识到美丽乡村是幸福生活的诺亚方舟，携手走向共同富裕，依靠共同奋斗建设美丽富饶的共富乡村是我们深化新时代"千万工程"的新方向。

"千万工程"创出一条一并推进农业农村现代化的新路径。"千万工程"20年从"千村示范，万村整治"的农村人居环境大整治，到"千村精品，万村美丽"的美丽乡村大建设，再到"千村未来，万村共富"的乡村振兴大提升，闯出一条产业兴旺的特色乡村、生态宜居的花园乡村、文化为魂的人文乡村、四治合一的善治乡村、共建共享的共富乡村"五村联建"的一体设计、一并推进的农业农村现代化新路径，为中国式现代化探索出一条切实可行的"农村包围城市"的实践路径。

三、全面总结"千万工程"20年经验启示

"千万工程"是习近平总书记当年在浙江工作时亲自谋划实施的一项重大工程,是习近平"三农"情怀的深情表达,是习近平"三农"实践的重大创新。通过对20年"千万工程"成功推进的实践经验的总结,最重要的是要领悟和掌握习近平总书记的执政为民重"三农"、以人为本谋"三农"、统筹城乡兴"三农"、改革开放促"三农"、求真务实抓"三农"的"三农"工作经验真谛,并用以指导我们新时代"三农"工作。

坚持执政为民重"三农",把改善农村人居环境的美丽乡村建设作为缩小城乡差距的主抓手。浙江"千万工程"改变了以往政府只管城市建设、城市公共服务,不管农村建设和公共服务的状况,把建设生态宜居的美丽乡村、城乡一体化基础设施、公共服务作为"三农"工作重点,放到党和政府全部工作重中之重的位置。这使浙江"千万工程"成为中国社会主义新农村建设的最成功范例。

坚持以人为本谋"三农",把农民群众对美好生活追求作为三农工作的奋斗目标。"千万工程"把建设生态宜居的

美丽乡村，让广大农民过上富裕幸福生活作为"三农"工作的出发点和落脚点，使"千万工程"成为造福亿万农民的民生工程。"千万工程"实施贯穿了增进农民根本利益、尊重农民权利的"以人为本谋三农"的理念，大大地调动了广大群众参与"千万工程"的主动性积极性创造性。

坚持统筹城乡兴"三农"，构建"以工促农、以城带乡"的新型城乡关系。浙江"千万工程"建设中注重以城乡统筹规划来引领城乡一体化建设，强调把"千万工程"作为推进城乡一体化发展的龙头工程来抓，大大地提升了"千万工程"建设水平，也促进了城乡经济社会融合发展。

坚持改革开放促"三农"，与时俱进深化"千万工程"内涵目标。浙江省委、省政府牢记习近平总书记嘱托，按照"干在实处、走在前列、勇立潮头"的要求，把深化城乡综合配套改革作为推动"千万工程"深化的主动力，与时俱进深化和拓展"千万工程"的内涵目标，实现从整治垃圾村到建设生态宜居美丽乡村，再到向未来乡村和共富乡村的迭代升级。

坚持求真务实抓"三农"，构建五级书记抓工程建设的强大工作保障体系。时任浙江省委书记的习近平同志，亲自谋划和实施"千村示范、万村整治"工程，形成"一把手"

亲自抓，五级书记一起抓"三农"工作，齐心协力推动"千万工程"实施的工作机制，为"千万工程"持续高质量推进提供强大政治组织保障。

四、创新谋划"千万工程"新图景

历时 20 年的"千村示范、万村整治"工程，以其对浙江"三农"发展已成为浙江"三农"最亮的名片和品牌。在"千万工程"实施 20 周年之际，作为"千万工程"始创地的浙江，要思考在高质量发展建设共同富裕示范区的大场景下，"千万工程"如何确定新的建设目标，如何成为乡村高质量振兴、促进农村农民共同富裕的主抓手。

顺应新时代新背景来擘画新一轮"千万工程"的新蓝图。要把促进美丽乡村向未来乡村和富丽乡村迭代升级，作为深化"千万工程"的新方向，把工作重心从建设乡村转向经营乡村。面对浙江高质量发展建设共同富裕示范区这一新中心任务，建议把建设一千个作为共同富裕基本社会单元、体现农业农村现代化先进水平的未来乡村为示范引领，把"千村引领、万村振兴、全域共富、城乡和美"作为深化新时代千万工程的新目标。沿着产业兴旺、睦邻友爱、美丽宜居、生态乐活、文化深厚、四治合一、智慧赋能、服务完善、包容大气、共创共富等思路建设未来富丽乡村，加快涵养整体大美的好气质，做深产业兴旺的大文章，跑出城乡融合的加速度，探索共同富裕的新路径，推进基层治理的现代化，确保乡村振兴浙江样板全面过硬全程领跑，更好发挥示范引领作用。

把深化"千万工程"作为坚定捍卫"两个确立"、坚决做到"两个维护"的重要窗口，积极推进"千万工程"的理论研究及宣传展示工作。目前，已建成的"千万工程"展示馆，是全面推介浙江"千万工程"宝贵经验、展现浙江美丽乡村建设成果和未来方向的多维展览空间，建议以此为平台，办好浙江"千万工程"20周年成果展，使之成为宣传展示浙江"千万工程"和习近平"三农"理论与创新实践的重要"窗口"。同时，以"千万工程"为背景的《大道地》电视剧已开机，要加强以文艺形式宣传"千万工程"的力度。

五、"千万工程"是学习贯彻习近平新时代中国特色社会主义思想主题教育的好教材

"千万工程"充分彰显了习近平同志以非凡魄力开辟新路的远见卓识和战略眼光，全面展现了人民群众伟大实践与人民领袖伟大思想情怀相互激荡形成的凝聚力和创造力。总

学术圆桌

结提炼和宣传推广"千万工程"成功经验，对于推动学习贯彻习近平新时代中国特色社会主义思想走深走实，具有特殊重要意义。

"千万工程"是习近平同志把调查研究作为谋事之基、成事之道的科学决策方法的经典样本。习近平同志用半年多的时间跑遍浙江全省 11 个地市，考察几十个县市区，在调研中形成了把解决农村环境脏乱差问题的农村人居环境整治作为"三农"工作的一个切入口，制定了实施"千村示范、万村整治"工程的整体方案。可见，"千万工程"是深入调查研究，了解农情民情之后的科学决策，而不是坐在办公室里"拍头脑"的产物。

"千万工程"是习近平同志深厚"三农"情怀的充分表达，是以人民为中心发展思想的充分体现。习近平同志深刻把握"三农"工作规律性，把执政为民重"三农"的重农理念和以人为本谋"三农"的民本思想，体现在着力改善农民的生活、生产、生态环境条件上，把农民对优美人居环境、美好生活追求作为我们"三农"工作的根本目标。

"千万工程"是用整体统筹谋划思维破解重大难题的精品杰作。习近平同志创造性地把重中之重的"三农"问题解决与难中之难的生态环保问题整合起来加以解决，在"千万工程"

的整体设计规划和实施中，做成了既是强农美村富民的惠农民生工程，又是生态省建设的生态环保工程。通过绿水青山就是金山银山的绿色发展理念的科学阐述，使广大农民普遍增强了生态环保意识，使农村生态环境脏乱差问题得到迅速改观。

"千万工程"是习近平同志以统筹城乡兴"三农"战略思想推动"三农"工作实践创新的精品力作。习近平同志以统筹城乡兴"三农"的战略思维，把"千万工程"做成了推进城乡一体化的"龙头"工程，成为浙江推进城乡融合发展的有效载体和抓手。强调构建以工促农、以城带乡、城乡互促共进共同繁荣的城乡融合聚变的新机制，尽力做到城市基础设施向农村延伸，城市公共服务向农村覆盖，城市现代文明向农村辐射。

"千万工程"是习近平同志做民生大事环保难事必持之以恒、久久为功、恒心定力的杰作事例。习近平同志在谋划设计"千万工程"之时就有长期战略考量，并在实施中与时俱进地拓展"千万工程"内涵外延，促使以农村人居环境整治启始的"千万工程"实现向美丽乡村美丽中国建设和乡村振兴战略的迭代升级。

"千万工程"是习近平同志务实规划"三农"实事的成功案例。习近平同志不但亲自制定了"千万工程"实施方案，

学术圆桌

还确定了政府出钱出物，农民投工投劳，全社会共同参与的"千万工程"投资建设的基本原则。同时创造性地提出每年选择一个干得好的县召开全省"千万工程"现场会推广先进经验，这种竞争机制大大调动了各县（市、区）的积极性，形成了你追我赶、力争先进的良好氛围。

"千万工程"是习近平同志用系统思维治国理政的精彩案例。在谋划"千万工程"之初，就强调要通过建立由党政各部门共同参与的"千万工程"协调领导小组，让"千万工程"成为多部门协力共建、多方出力的大系统工程，奏响了强农美村富民的大合唱。

"千万工程"是习近平同志抓大事实事必以身作则的求真务实工作作风的典范。习近平同志以身作则，把"千万工程"作为一把手工程来抓，形成五级书记抓"千万工程"的强大组织保障体系。这样的政治组织体系具有十分强大的政治动员力，各级各部门领导干部都能够尽心尽责地投入到这项工程建设中来，从而确保了"千万工程"在人力、物力、财力和精力投入上都得到有效保障。

《前进》（2023 年第 7 期）

干好"千万工程"离不开"四千精神"

陶 骏

浙江的"千万工程"之所以能成事、干出彩,是多方面因素叠加的最终成果,更是上下同欲、善谋实干的必然结果。在这当中,很重要的一点就是浙江改革开放以来逐步形成的"四千精神",有了这种精神的支撑浸润,"千万工程"在浙江才能行稳致远。

浙江是传统意义上的"资源小省",与同在长三角区域的江苏、上海比,浙江属于典型的"后进生"。1978 年,浙江国内生产总值只有 0.01 万亿元,是江苏的一半,在全国当时 28 个省市区中排第 12 位,只能算中游水平;人均国内生产总值仅 331 元,不到上海的八分之一,排全国第 16 位。当时的浙江全省工业增加值仅 47 亿元,占全国比重为 2.9%,而农业劳动力占全社会劳动力的比重高达 74.8%,属典型的农业省份,"三农"基础极为薄弱。

创业之初的浙江干部群众,面对这种"窘境",并没有"等靠要",而是凭着不甘人后的精神大胆"走出去"和"引

学术圆桌

进来"。很多"创一代"当年搭上全部身家"豁出去"干，才有了后来的逆袭改变，浙江人"走遍千山万水，想尽千方百计，说尽千言万语，吃尽千辛万苦"的"四千精神"，也得以响彻世界。"四千精神"的语境从最初的形容商界创业创新中"敢为人先"的冲劲，逐步延伸到干部群众改革攻坚中"事不避难""义不逃责"的拼劲。正是靠着"四千精神"，浙江的民营经济做大做强，浙江各项改革创新事业奋起直追冲到了全国的第一方阵。时任浙江省委书记的习近平同志曾在浙江日报"之江新语"栏目发表《不畏艰难向前走》一文，充分肯定"四千精神"：浙江之所以能够由一个陆域资源小省发展成为经济大省，正是由于以浙商为代表的浙江人民走遍千山万水、说尽千言万语、想尽千方百计、吃尽千辛万苦，正是由于历届党委、政府尊重群众的首创精神，大力支持，放手发展。习近平总书记后来更是勉励浙江"干在实处永无止境，走在前列要谋新篇，勇立潮头方显担当"，依然可以看到"四千精神"的脉络纹理。

理清楚其中的精神脉络，我们才能弄明白"千万工程"为何可以在浙江大放异彩，并持续迸发出无限活力和潜力。如果不肯放下架子"白天当老板，晚上睡地板"，如果不敢谋划在"零资源"的土地上"无中生有"，如果不愿尝试在"七

学术圆桌

山一水二分田"的狭小空间中求新求变,当然干不好"千万工程"。当下,全国各地都在点赞"千万工程"创造的农业农村现代化新图景,都在研究分析浙江美丽乡村的"成功密码"。因此,在深刻领悟浙江生态之美、整体之治、产业之兴、民生之富的同时,也要看到浙江干部群众在农业农村现代化奋进征程中的谋事之实和成事之道。

扎进去,也要跳出来。农业农村工作是最基层的工作,必须深入一线、深入群众,但在扎进基层充分掌握本地情况同时,也要善于跳出"三农"看"三农"。解决一地一域的问题,有时需要有"外因"来产生"催化效应",通过其他地方、其他领域的实践经验,去寻找破题思路和解题新路。

做得好,也要说得巧。当前,浙江很多地方都在着力将农业、文化、旅游、休闲有机结合起来,力求将美丽乡村的产业"流量"变成富民强基的经济"留量",把季节性"网红"果蔬变成常态化"长红"产业,着力从"千村一面"向"各美其美、美美与共",从"点上富裕"向"全民共富"推进,打造更具乡土魅力、更有吸引力的和美乡村。但"酒香也怕巷子深",中国的市场太大,大家的选择太多,要想脱颖而出,一方面必须把特色亮点打造好,另一方面要放下身段,拿出"想尽千方百计""说尽千言万语"的劲头,做好推介宣传。

学术圆桌

转作风，也要塑民风。搭乘"千万工程"快车，中国无数的乡村，实现从昔日的"贫困村"到"小康村"再到"美丽村""共富村"的转变，但千变万变，产业变强、农村变富是关键。在兴业致富的道路上，各级党政部门的作风转变很关键。遇到问题怎么办？是坐等时机成熟，还是主动创造条件、制造机遇？实际工作中，光靠农口干部、援建干部想办法是行不通的，得让各条线上的干部一起为"三农"工作出点子，还得尽可能地把基层的百姓群众都动员起来。如果没有众人拾柴"想尽千方百计"，就不可能找到最适合当地的"锦囊妙计"。

学样子，也要撸袖子。别人写在纸上的经验，如何"嫁接"在本地区并落地生根、开花结果，需要深入调研、系统谋划、不断尝试。对照先进"学"，到底管不管用、好不好用，还得亲自撸起袖子加油干起来才知道。总之，在推进工作过程中，要做好"吃尽千辛万苦"的准备，顶住各方压力，真正做到敢担当、善作为。

《学习时报》（2023 年 07 月 17 日 02 版）

学好"千万工程"蕴含的系统观念

姚 亮

"千万工程"作为一项复杂的系统工程，浙江省进行了前瞻性思考、全局性谋划和整体性推进，取得了显著成效。20年来，"千万工程"得以不断推进，从"千村示范、万村整治"引领进步，到"千村精品、万村美丽"深化提升，再到"千村未来、万村共富"迭代升级。"千万工程"蕴含着丰富的系统观念，对全面建设社会主义现代化江西的最大启示，就是必须遵循系统观念的内在规律与实践要求，正确处理好局部和全局、重点和非重点、当前和长远、速度和质量的关系，并将其转化为推进江西高质量发展的思路和方法。

统筹好"局部"和"全局"，凝聚高质量发展"合力"。局部和全局互相依存、互相促进。局部依托和服务于全局，如果不从全局、整体去考虑，就容易"只见树木不见森林"；然而，全局又不能脱离局部，需要局部作用的发挥。浙江省通过实施"千万工程"走出一条"以点促线""以线促面"再到"全域发展"的新路径，实现由一个个具体的行政村和示范村再到"浙江高质量发展建设共同富裕示范区"的蝶变。同时，把城市地区和农村地区作为一个有机整体来统筹考虑，形成有效推进城乡融合发展的合力。因此，在全面建设社会主义现代化国家的新征程中，要促进全体人民共同富裕，就必须有效地将区域性与全局性统一起来，在确保中国经济社会发展这个大局稳定有序的前提下，统筹各类资源和力量，着力推进城乡融合和区域协调发展。就江西省而言，城乡区域发展总体上较为均衡，但均衡的水平还不高。为此，需要在统筹各个区域发展的同时，加快实施"强省会"战略，做大做强南昌都市圈，增强其对全省的影响力和辐射力，以此推动全域大中小城市协调发展和城乡一体化发展。

统筹好"重点"和"非重点"，形成高质量发展"巧力"。唯物辩证法认为，在面对事物矛盾发展过程中，既要抓住主要矛盾，也要兼顾次要矛盾。实际工作中，在思考问题和解决问题的方法论上要有重点与非重点之分，做到善于抓重点、集中力量解决主要矛盾。在实施"千万工程"过程中，始终牢牢把握"最先一公里"和"最后一公里"这两个不同阶段的"牛鼻子"，抓住这些关键点来突破带动全局工作，充分运用"四两拨千斤"的巧力。从"最先一公里"来看，坚持以整治环境问题为重点和先手棋，从垃圾收集、村道硬化、

学术圆桌

卫生改厕、河沟清淤、村庄绿化，不断向污染治理、农房改造等方面拓展。从"最后一公里"来看，全面建设社会主义现代化国家，最艰巨最繁重的任务仍然在农村。紧紧抓住"改善农村基础设施和基本公共服务"这个重点，不断推动城市基础设施向农村延伸、公共服务向农村覆盖、资源要素向农村流动，有效地推动了城乡融合发展。当前，对于江西省发展来说，要持续纵深推进数字经济做优做强"一号发展工程"和营商环境优化升级"一号改革工程"，通过这两项事关全局的重大牵引性工作来推进江西的高质量发展。

统筹好"当前"和"长远"，保持高质量发展"定力"。党的十八大以来，习近平总书记多次讲到"立足当前、着眼长远"。"立足当前"就是要一步一个脚印地解决具体问题，多做打铺垫、管根本的事；而"着眼长远"就是要把眼光放得长远一些，有"功成不必在我"的境界，坚持久久为功，以更宽广的视野来抓谋划和促发展。20年来，浙江省紧盯"千万工程"目标不动摇，始终把"千万工程"作为"一把手"工程，保持战略定力，一任接着一任干，每年召开深化"千万工程"现场会，由省委书记亲自参加并作工作部署。在立足当前的同时，着眼长远，在实现一个个具体目标的基础上又不断提出新的目标，从"千村示范、万村整治"引领起步到

· 学术圆桌 ·

"千村精品、万村美丽"深化提升，从"千村未来、万村共富"迭代升级到"千村向未来、万村奔共富、城乡促融合、全域创和美"生动局面，再到如今"浙江高质量发展建设共同富裕示范区"的新目标，既不断丰富着"千万工程"的内涵，又深化拓展了"千万工程"的外延。党的二十大报告指出，中国式现代化是全体人民共同富裕的现代化。然而，全体人民共同富裕是一项长期任务，无法一蹴而就，需要分阶段、分步骤循序渐进实现。为此，要从"千万工程"中汲取奋力谱写中国式现代化江西篇章的力量和智慧，聚焦"努力在加快革命老区高质量发展上作示范、在推动中部地区崛起上勇争先"的目标要求，充分用好江西的区位、资源、文化等优势，保持工作的连续性、稳定性、可持续性，坚持"一张蓝图绘到底"，以钉钉子精神推动各项工作任务顺利完成。

统筹好"速度"和"质量"，增强高质量发展"动力"。在经济社会发展中，速度和质量是相互依存的。没有一定的速度，难以企及发展的质量；没有相应的质量，就遑论发展的速度。浙江省坚持"速度"与"质量"并重，在追求发展速度的同时，也注重发展的质量。从发展速度方面看，20年来浙江省保持着较高的增速，地区生产总值从8000亿元跃升至7.77万亿元，增长了8.6倍；进出口总额占全国比重

学术圆桌

从 6.8% 提高至 11.1%；城市和农村居民人均可支配收入分别由 2003 年的 13180 元和 5431 元提高到 2022 年 71268 元和 37565 元，分别增长了 4.4 倍和 5.9 倍。从发展质量方面看，20 年来，高质量发展始终是浙江经济社会发展的主旋律。第三产业占比从 40.3% 提高至 54.3%；科技进步贡献率从 43.6% 提高至 68%，研发人员密度为国内第 3 位，数字经济增加值占 GDP 比重超过 50%，区域创新能力从国内第 6 位跃居第 4 位，农业现代化水平居国内第 3 位；森林覆盖率从 59.4% 提高至 61.24%，农村生活垃圾集中收集处理实现了全覆盖，无害化处理率达 100%。截至 2022 年底，浙江省城、乡居民收入分别连续 22 年和 38 年居全国各省区市第 1 位，城乡居民收入比为 1.9，连续 10 年呈缩小态势。当前，江西省正处在厚积薄发、爬坡过坎、转型升级的关键时期，面临着做大总量与提升质量的双重使命，这既要不断扩大内需和打造发展的新生长点，保持合理的经济增长速度，又要坚持新发展理念，转变发展方式，着力提高全要素生产率，推动经济实现质的有效提升。

《学习时报》（2023 年 07 月 19 日 04 版）

新时代引领万千美丽乡村建设的"指南针"

傅 歆

在"八八战略"实施 20 周年、"千万工程"深入践行 20 周年之际，习近平总书记对"千万工程"作出重要批示，充分肯定了浙江深入实施"千万工程"以来所取得的成就，彰显了人民领袖的为民情怀，赋予了浙江在新征程上深入推进"千万工程"的光荣使命。"千万工程"深入践行 20 年来，造就了浙江万千美丽乡村，造福了万千农民群众，成效显著、影响深远。"千万工程"所蕴含的时代价值和宝贵经验历久弥新、颠扑不破、弥足珍贵，我们必须倍加珍惜，毫不动摇坚持，与时俱进发展。

（一）

"千万工程"是习近平总书记在浙江工作时亲自谋划、亲自部署、亲自推动的一项重大决策，是实施"八八战略"

学术圆桌

的重要组成部分。党的十八大以来，习近平总书记一直倾心关怀、倾情牵挂、倾力指导"千万工程"，多次作出重要指示批示，指引浙江不断将"千万工程"向纵深推进。

2018年10月5日，对浙江"千村示范、万村整治"工程获联合国"地球卫士奖"作出重要指示。习近平总书记指出："浙江'千村示范、万村整治'工程起步早、方向准、成效好，不仅对全国有示范作用，在国际上也得到认可。要深入总结经验，指导督促各地朝着既定目标，持续发力，久久为功，不断谱写美丽中国建设的新篇章。"

2018年4月，在"千万工程"实施15周年之际，习近平总书记作出重要指示："浙江省15年间久久为功，扎实推进'千村示范、万村整治'工程，造就了万千美丽乡村，取得了显著成效。我多次讲过，农村环境整治这个事，不管是发达地区还是欠发达地区都要搞，但标准可以有高有低。要结合实施农村人居环境整治三年行动计划和乡村振兴战略，进一步推广浙江好的经验做法，因地制宜、精准施策，不搞'政绩工程''形象工程'，一件事情接着一件事情办，一年接着一年干，建设好生态宜居的美丽乡村，让广大农民在乡村振兴中有更多获得感、幸福感。"

2015年5月，习近平总书记在浙江考察时指出："全国

学术圆桌

很多地方都在建设美丽乡村，一部分是吸收了浙江的经验。浙江山清水秀，当年开展'千村示范、万村整治'确实抓得早，有前瞻性。希望浙江再接再厉，继续走在前面。"

2013年是"千村示范、万村整治"10周年，习近平总书记作出重要指示，强调认真总结浙江省开展"千村示范、万村整治"工程的经验并加以推广。

……

20年前，在时任浙江省委书记习近平同志的倡导和主持下，以农村生产、生活、生态的"三生"环境改善为重点，浙江在全省启动"千万工程"，开启了以改善农村生态环境、提高农民生活质量为核心的村庄整治建设大行动。20年来，浙江省久久为功，扎实推进"千万工程"，造就了万千美丽乡村，取得了显著成效，带动浙江乡村整体人居环境领先全国。

（二）

习近平同志在浙江工作期间，通过调研发现，尽管浙江经济快速发展，但浙江农村相对滞后的经济发展与全面建设小康社会之间的差距、"脏、乱、散、差"的农村面貌与日新月异的城市面貌之间的反差，决心改变这种面貌，亲自擘

学术圆桌

画、大力实施"千村示范、万村整治"工程，开启了浙江美丽乡村建设的宏伟篇章。

2003年1月13日，习近平同志在全省农村工作会议上指出："要全面建设小康社会，提前基本实现现代化，增加农民收入的任务最迫切，发展现代农业的任务最艰巨，改变农村面貌的任务最繁重。"

2003年6月5日，习近平同志在全省"千村示范、万村整治"启动会上提出："今后五年，对一万个左右的行政村进行全面整治，把其中一千个左右的中心村建成全面小康示范村。"在习近平同志亲自调研、亲自部署、亲自推动下，浙江省启动"千村示范、万村整治"工程。此后，习近平同志每年主持召开现场会，都把"千万工程"作为"一把手"工程来抓，深入推进新农村建设。

2003年9月24日，习近平同志在全省"千村示范、万村整治"工作座谈会上强调："要充分考虑乡村特色，体现山区、丘陵、平原、城郊、水乡、海岛的特点，贯穿以人为本、人与自然相和谐的规划理念，使人居环境与自然环境有机地融为一体，体现区域的经济特色和文化特色，保护好古村落、古建筑、特色民居和历史文化遗迹，使传统文明与现代文明达到完美的结合。"

· 学术圆桌 ·

2004 年 7 月 26 日，习近平同志在全省"千村示范、万村整治"工作现场会上强调："'千村示范、万村整治'是龙头工程、基础工程、生态工程、民心工程。"

2005 年 8 月 3 日，习近平同志在"千村示范、万村整治"工程嘉兴现场会上指出："农村新社区建设是社会主义新农村建设的一个核心内容，我们现在深入实施'千村示范、万村整治'工程，就是要以建设全面体现小康水准的社会主义新农村为目标……把传统村落整治建设成为规划科学、经济发达、文化繁荣、环境优美、服务健全、管理民主、社会和谐、生活富裕的农村新社区。"

2006 年 3 月 23 日，习近平同志在浙江省委建设社会主义新农村专题学习会上指出："新农村必须有新面貌。要坚持以人为本，推进村庄整治建设，加快传统农村社区向现代农村社区转变。"

2006 年 8 月，习近平同志在"千村示范、万村整治"工作现场会上指出，"千村示范、万村整治"工程是推进新农村建设的龙头工程、统筹城乡兴"三农"的有效抓手、造福千万农民的民心工程，要让更多的村庄成为充满生机活力和特色魅力的富丽乡村。

……

| 学术圆桌 •

锚定目标，真抓实干，浙江实施"千万工程"从 2003 年启动到 2007 年，全省 10303 个建制村得到整治，其中 1181 个村建设成为"全面小康建设示范村"。同时，围绕提升农民生活质量，着力引导城市基础设施和公共服务向农村延伸覆盖，努力缩小城乡差距，为浙江在全国率先开展统筹城乡发展、推动城乡一体化建设、破除城乡二元结构赢得了先机。

浙江持续推进"千万工程"建设，不断迭代升级。2003 年至 2010 年，"千村示范、万村整治"示范引领，综合整治村庄环境，推动乡村更加整洁有序。2011 年至 2020 年，"千村精品、万村美丽"深化提升，推动乡村更加美丽宜居；2021 年至今，"千村未来、万村共富"进一步升级，形成"千村向未来、万村奔共富、城乡促融合、全域创和美"的生动局面。

（三）

20 年来，历届浙江省委、省政府一张蓝图绘到底，一任接着一任干，以"千万工程"为主线，积小胜为大胜，持之以恒、锲而不舍探索出一条以农村人居环境整治小切口推动乡村全面振兴的实践路径，促使"千村示范、万村整治"

学术圆桌

工程持续升级，引领浙江乡村面貌发生历史性巨变。"千万工程"开创了新时代中国乡村振兴、共同富裕的先河，如今，浙江美丽乡村建设日新月异。自 2003 年"千万工程"开启乡村环境整治以来，浙江省持续推进"千万工程"、打造美丽乡村建设。2008 年至 2012 年，以垃圾收集、污水治理等为重点，从源头上推进农村环境综合整治。2010 年浙江制定实施了《浙江省美丽乡村建设行动计划》，提出了"四美三宜两园"的目标要求，美丽乡村建设成为"千村示范、万村整治"工程的新目标，打造"千村示范、万村整治"工程 2.0 版。

2012 年，浙江省响应党的十八大关于生态文明和美丽中国建设的新要求，围绕"两美"浙江建设新目标，进一步深化美丽乡村建设，致力于打造美丽乡村升级版，出台了《浙江省深化美丽乡村建设行动计划》，打造"千村示范、万村整治"工程 3.0 版。2013 年到 2015 年，全省 70% 的县达到"美丽乡村"目标。

2017 年，浙江省第十四次党代会提出，要继续深入推进美丽乡村建设，并作出推进万村景区化建设的新决策，即到 2020 年累计建成 1 万个 A 级景区村庄，其中 3A 级景区村庄 1000 个。这一项"千村 3A 景区、万村 A 级景区"的"新

学术圆桌

千万工程"是省委、省政府与时俱进作出的新的战略部署，成为"千村示范、万村整治"工程4.0版，更是落实习近平总书记对浙江提出的"要继续推进美丽乡村建设，把'千村示范、万村整治'工程提高到新的水平"这一重要指示精神的实际行动。

经过多年的不懈努力，浙江以"千村示范、万村整治"工程为引领的美丽乡村建设取得了显著成绩。全省所有村庄均完成人居环境整治任务，村庄的基础设施、生产条件、村容村貌和文化建设、公共服务都发生了巨大变化，实现了村村通公交、村村通宽带、村村有公共服务中心，全省所有村庄实现了垃圾集中收集和无害化处理、农村污水集中处理、农房和庭院全面整治，建成了一大批美丽乡村精品村和美丽乡村风景线，安吉、德清、浦江、桐庐、江山、象山等县（市）成为高标准的美丽乡村示范县。

党的十九大提出实施乡村振兴战略以后，2018年4月，浙江省出台《全面实施乡村振兴战略高水平推进农业农村现代化行动计划（2018–2022）》，按照"产业兴旺、生态宜居、乡风文明、治理有效、生活富裕"的总要求，全面实施万家新型农业主体提升、万个景区村庄创建、万家文化礼堂引领、万村善治示范、万元农民收入新增"五万工程"，全面推动

学术圆桌

乡村产业振兴、新时代美丽乡村建设。

2018年11月9日，浙江省召开深化"千村示范、万村整治"工程建设美丽浙江推进大会，提出在新起点上全力打造"千万工程"升级版。

2021年，浙江成为全国首个高质量发展建设共同富裕示范区，"千万工程"也朝着"千村未来、万村共富"迭代升级。

2022年6月20日，浙江省第十五次党代会报告中强调，深化"千村示范、万村整治"工程和美丽乡村建设，加快推进农业农村现代化。同年12月，浙江省委十五届二次全会《决定》提出，深化"千万工程"……高水平均衡化推进美丽乡村建设……推动数字乡村引领区建设，构建"千村未来、万村共富、全域和美"新格局。

2023年，浙江省委一号文件提出，以"千万工程"统领宜居宜业和美乡村建设，并部署把提高县城承载能力与深化"千万工程"结合起来，在城乡融合中提升乡村建设水平。

（四）

党的二十大报告指出："中国式现代化是人与自然和谐共生的现代化。"20年来，浙江深入实施"千万工程"，从提升"物"的现代化，到推动"人"的现代化，建设宜居宜业和

学术圆桌

美乡村的内涵和外延不断扩展。当前，正值"千万工程"深入践行 20 周年之际，我们要完整、准确、全面理解把握和坚决贯彻落实习近平总书记重要指示批示精神，有力、有效推动"千万工程"走深走实，奋力跑出城乡融合发展排头兵的加速度，激发乡村振兴新动能，塑造乡村风貌新气质，探索共同富裕新路径，更加注重完善提升乡村基础设施和公共服务配套，推动乡风文明、乡村治理再提升，让农村群众享受到现代化建设新成就，切实助力中国式现代化。

第一，"千万工程"，对于浙江推进中国式现代化先行具有重要意义。历届浙江省委省政府遵照习近平总书记的战略擘画和重要指示要求，顺应形势发展和实际需要，持续深化"千万工程"。20 年来，整治范围不断延伸，从最初的 1 万个左右行政村，推广到全省所有行政村；内涵不断丰富，从"千村示范、万村整治"引领起步，推动乡村更加整洁有序，到"千村精品、万村美丽"深化提升，推动乡村更加美丽宜居，再到"千村未来、万村共富"迭代升级，强化数字赋能，逐步形成"千村向未来、万村奔共富、城乡促融合、全域创和美"的生动局面。

20 年来，以"千万工程"为总牵引，浙江以整治环境"脏乱差"为先手棋，全面推进农村人居环境"三大革命"，绘就天蓝、地净、水清的乡村底色。目前,全省规划保留村生活污水治理覆盖率 100%,农村生活垃圾基本实现"零增长""零填埋",农村卫生厕所全面覆盖,农村人居环境质量居全国前列。总结推广"千万工程"的经验,持续深化新时代"千万工程",对于浙江推进中国式现代化先行具有重要意义。未来,中国式现代化建设省域先行的浙江农村将建构"千村秀美、万村共富、城乡融合、全域和美"新格局,山区、乡村成为全省乃至全国人民向往之地。

第二,"千万工程"持续推进农村环境建设,堪称"一张蓝图绘到底"的典范。浙江省委、省政府每 5 年出台一个行动计划,每个阶段出台一个实施意见,针对主要矛盾问题制定解决方案、工作任务。各级党政主要负责人切实承担"千万工程"领导责任;充分发挥基层党组织的战斗堡垒作用和党员的先锋模范作用。浙江坚持把加强领导作为搞好"千万工程"的关键,建立党政"一把手"亲自抓、分管领导直接抓、一级抓一级、层层抓落实的工作推进机制,每年召开"千万工程"高规格现场会,省市县党政"一把手"参加,地点一般选在工作力度大、进步比较快、具有典型意义的县(市、区),营造比学赶超、争先创优浓厚氛围。坚持政府投入引导、农村集体和农民投入相结合、社会力量积极支持的

学术圆桌

多元化投入机制，省级财政设立专项资金，市级财政配套补助，县级财政纳入年度预算，真金白银投入。据统计，20年来浙江全省各级财政累计投入村庄整治和美丽乡村建设的资金超过2000亿元。浙江成为首个通过国家生态省验收的省份，农村人居环境测评持续位居全国第一。截至2022年年底，浙江全省90%以上的村庄达到新时代美丽乡村标准；创建美丽乡村示范县70个、示范乡镇724个、风景线743条、特色精品村2170个、美丽庭院300多万户，浙江总体美丽映入眼帘。

第三，"千万工程"，对于全国乃至世界建设万千美丽乡村具有重要启示。"千万工程"是时任浙江省委书记的习近平同志亲自谋划和推动实施的一项创新工程。20年跨越发展，20年久久为功，"千万工程"深刻改变了浙江乡村面貌。"千万工程"造就了万千美丽乡村，造福了万千农民群众，促进了美丽生态、美丽经济、美好生活有机融合。历届浙江省委省政府坚持一张蓝图绘到底、一任接着一任干，不断深化"千万工程"。

"千万工程"历久弥新，具有全国和世界意义，成为一项改写当代中国"三农"历史、并对世界未来产生深远影响的伟大工程。

学术圆桌

　　党的十八大以来，习近平总书记站在引领中国"三农"发展的宏观高度，对浙江"千万工程"作出多次批示。"千万工程"是深入贯彻习近平新时代中国特色社会主义思想，特别是习近平生态文明思想的生动实践载体，推广"千万工程"经验具有重大现实意义和深远历史意义。2019年3月，中共中央办公厅、国务院办公厅转发了《中央农办、农业农村部、国家发展改革委关于深入学习浙江"千村示范、万村整治"工程经验扎实推进农村人居环境整治工作的报告》，并发出通知，要求在全国推广浙江"千万工程"经验、做法，并在全国开展农村人居环境整治行动，使浙江这项民生工程转化为推动中国乡村振兴的一项战略工程，为改变整个中国农村面貌，促进中国生态环境建设作出了巨大贡献。2023年7月，中央财办、中央农办、农业农村部、国家发展改革委印发《关于有力有序有效推广浙江"千万工程"经验的指导意见》，要求各地学深悟透"千万工程"经验蕴含的科学方法，并结合实际创造性转化到"三农"工作实践之中，推动农业农村现代化取得实实在在成效。

　　随着"千万工程"在全国推广，在国际上也引起巨大反响。2018年9月，浙江"千村示范、万村整治"工程，被联合国环境规划署授予最高环保荣誉——2018年"地球卫士

学术圆桌

奖"。联合国原副秘书长兼环境规划署执行主任埃里克·索尔海姆曾多次走访浙江城乡，亲眼见证了"千万工程"带来的改变。2018年，他在参观走访浙江村镇时深有感慨地说："在浙江看到的，就是未来中国的模样，甚至是未来世界的模样！"

综上，20年来，浙江坚定不移地沿着习近平总书记指引的道路前进，持之以恒推进"千万工程"，取得明显成效。在此基础上，浙江不断加快城乡融合发展步伐，推动美丽浙江建设，全面推进乡村振兴，扎实推动共同富裕，为谱写中国式现代化浙江篇章打下坚实基础。

《观察与思考》（2023 年第 7 期）

推进乡村全面振兴的科学经验

曹　立　侯姝琦

在中央农村工作会议上，习近平总书记对做好"三农"工作作出了重要指示，强调锚定建设农业强国目标，把推进乡村全面振兴作为新时代新征程"三农"工作的总抓手，学习运用"千万工程"经验，因地制宜、分类施策，循序渐进、久久为功，集中力量抓好办成一批群众可感可及的实事。学习运用"千万工程"蕴含的发展理念、工作方法和推进机制，要从农民群众反映强烈的实际问题出发，找准乡村振兴的切入点，提高工作实效，集中力量抓好办成一批群众可感可及的实事。着重提升乡村产业发展水平、乡村建设水平、乡村治理水平，强化农民增收举措，推进乡村全面振兴不断取得实质性进展、阶段性成果。

精准务实培育乡村产业，实施农民增收促进行动

产业振兴是乡村振兴的重中之重，也是农民增收的关键。乡村振兴已进入新的质量提升阶段，要把促进产业兴

学术圆桌

旺、创造更多就业岗位、帮助农民持续增收放在更加突出的位置。坚持产业兴农、质量兴农、绿色兴农，精准务实培育乡村产业，完善联农带农机制，实施农民增收促进行动。

一方面，夯实农业产业基础，探索建立粮食产销区省际横向利益补偿机制，保障粮食安全。全面落实粮食安全党政同责，坚持稳面积、增单产两手发力，确保耕地数量有保障、质量有提升。健全耕地数量、质量、生态"三位一体"保护制度体系，聚焦提高农业综合生产能力，探索建立粮食产销区省际横向利益补偿机制，这是我国健全粮食主产区利益补偿机制的重要举措。这些举措将与中央财政对主产区的纵向利益补偿机制构成有机整体，有利于进一步缩小粮食生产区与主销区的经济发展差距，充分调动主产区农民种粮的积极性，更好保障粮食安全。

另一方面，推动特色农业全产业链建设，让农民分享产业链增值收益。要做好"土特产"文章，依托农业农村特色资源，开发农业多种功能，挖掘乡村多元价值，做强做大富民特色产业。推动农业产业结构从单一的粮食生产向多元化的农产品生产转变。树立大农业观、大食物观，农林牧渔并举，构建多元化食物供给体系，有效拓展农民增收致富的渠道。落实产业帮扶措施，确保不发生规模性返贫，持续增强脱贫群众的内生动力，持续巩固拓展脱贫攻坚成果。

深入实施农村人居环境整治提升行动，全面提升农村基础设施和公共服务水平

学习运用"千万工程"经验，要着重补齐基础设施短板、增强公共服务能力、推进人居环境整治，全面提升农村的基础设施和公共服务水平。让农村基本具备现代生活条件，意味着要着力推进农村基础设施、公共服务和人居环境的现代化水平。

农村是亿万农民的家园，要坚持农业农村优先发展。一方面，加快补齐乡村经济基础设施和社会基础设施短板。强化农村农田水利设施、交通设施、能源设施、供排水设施、环卫设施、信息网络设施等建设，完善乡村教育基础设施、医疗基础设施、养老基础设施和文体娱乐基础设施，为农村基本具备现代生活条件创造完备的基础设施支撑。另一方面，多措并举增强乡村基本公共服务供给能力，提高农村居民享受公共服务的可及性、便利性，不断增强乡村居民获得感、幸福感、安全感。

统筹新型城镇化和乡村全面振兴，促进县域城乡融合发展

中央农村工作会议要求，统筹新型城镇化和乡村全面振兴，提升县城综合承载能力和治理能力，促进县域城乡融合发展。县城是联系广大农村最紧密、最直接的空间结构单元，具有满足人民群众安居乐业需求的巨大潜力。统筹新型城镇化和乡村全面振兴，就是要统筹县域产业、基础设施、公共服务、基本农田、生态保护、城镇开发、村落分布等空间布局，强化县城综合服务能力，把县域作为破解城乡二元结构、推动城乡融合发展的重要切入点。

促进各类要素双向流动，提升县城综合承载能力和治理能力，形成城乡融合发展新格局。一方面，要通过夯实县城产业基础，推动县域经济高质量发展，促进农业转移人口就业和持续增收；另一方面，要提高县城市政建设和公共服务水平，提高教育、文化、健身、医疗、养老、社保和住房等保障水平，增强对农业转移人口的承载和吸纳能力。目前，统筹新型城镇化和乡村全面振兴，要在健全农业转移人口市民化机制、建立城市人才入乡激励机制、改革完善农村承包地制度、稳慎推进农村宅基地制度改革、建立集体经营性建设用地入市制度等方面，进一步深化改革创新，破除妨碍城

· 学术圆桌 ·

乡要素自由流动和平等交换的体制机制壁垒。

统筹精神文明建设和乡村治理，建设宜居宜业和美乡村

物质富足、精神富有，是社会主义现代化的根本要求。推进农村精神文明建设、为乡村振兴凝聚精神动力，也是推动乡村全面振兴的题中之义。学习运用"千万工程"经验，要重视发挥农民主体作用，让农民参与乡村治理。

把改造传统农村与提升农民精神风貌、树立乡村文明新风有机结合起来。将文明村、文化村、民主法治村等建设和美丽乡村建设紧密结合起来，不断增强农民的民主法治意识、科学文化素质和思想道德素质。推动农村治理体系和治理能力现代化，实现农村农民由点到面、由表及里的全面发展、全面提升。完善乡村治理体系，推进抓党建促乡村振兴，坚持和发展新时代"枫桥经验"，建设平安乡村。进一步弘扬社会主义核心价值观，深入推进移风易俗，助力乡村全面振兴。

《学习时报》(2024 年 01 月 10 日 07 版)